Sabine Reeh

Neue Traumhäuser

Bauherren verwirklichen ihr perfektes Haus

BR DVA

NEUE TRAUMHÄUSER

BAUHERREN VERWIRKLICHEN IHR PERFEKTES HAUS

Sabine Reeh

Mit Fotos von Severin Vogl

Deutsche Verlags-Anstalt

Bayerischer Rundfunk

Vorwort: Die schönsten Träume sind die

»Traumhäuser« – da denkt man an den Designerbungalow am Meer, die elegante Jugendstilvilla im Park, den luxussanierten Gutshof. Für die meisten von uns bleiben solche Edeldomizile unerschwinglich. Aber sind nicht sowieso die schönsten Träume die, die wahr werden? Für die zweite Staffel der Architekturfilmreihe *Traumhäuser* hat das Bayerische Fernsehen daher wieder Bauherren gesucht, die über eher durchschnittliche Mittel verfügen und trotzdem ihre Visionen vom idealen Wohnen realisieren wollten. Dieses Begleitbuch zur Fernsehserie stellt alle Projekte ausführlich vor und liefert viele Zusatzinformationen. Da sämtliche Häuser 2008 fertiggestellt wurden, ist ein aktuelles Bild neuer baulicher Entwicklungen entstanden.

Die »Neuen Traumhäuser« repräsentieren ein breites Spektrum an Bauformen. Obwohl ganz bewusst auch ungewöhnliche Projekte ausgewählt wurden, durfte natürlich das klassische Einfamilienhaus im Neubaugebiet am Ortsrand nicht fehlen (»Ein Haus mit Einschnitten«, »Ein kleines Haus für wenig Geld«, »Ein Haus am Hang«). Ein Haus im Grünen – das war jahrzehntelang das Ideal vieler bauwilliger Familien. Doch immer mehr zeichnet sich auch der Wunsch ab, stadtnah oder sogar im Zentrum zu wohnen, mit kurzen Wegen zu Kindergarten, Schule, Arbeitsplatz und Einkaufsmöglichkeiten. Das »Haus in zweiter Reihe« und das »Haus mit acht Bauherren« sind Beispiele hierfür.

Neben ökologischen und städteplanerischen Aspekten sind es auch Fragen nach dem Umgang mit bestehender Bausubstanz und neuen Wohnformen, die bei den vorgestellten Häusern zum Tragen kommen. Das generationenübergreifende Zusammenleben sowie flexible Nutzungsmöglichkeiten für verschiedene Lebensabschnitte werden mit der demografischen Entwicklung unserer Gesellschaft immer wichtiger.

Die meisten »Traumhäuser« illustrieren gleich mehrere dieser Aspekte, wie das »Haus mit Wintergarten«, das als Energiespar- *und* Mehrgenerationenhaus konzipiert und bewusst nicht auf der »grünen Wiese«, sondern im alten Ortskern gebaut und maßstäblich entsprechend anpasst wurde. Gleich vier der Häuser nutzen regenerative Energiequellen: Sowohl der »Riegel mit Weitblick« als auch das »Haus mit acht Bauherren« und das »Intelligente Haus« verfügen über Erdsonden und Wärmepumpen, mit deren Hilfe Erdwärme gewonnen wird. Das »Haus mit Wintergarten« arbeitet mit Sonnenkollektoren. Fast alle Häuser unterschreiten das gesetzlich geforderte energietechnische Anforderungsniveau. Das »Haus mit acht Bauherren« – städtebaulich interessant – stellt gleichzeitig das zukunftsträchtige Modell der Bauherrengemeinschaft vor. Das »Doppelhaus wie kein zweites« ist nicht nur ein Mehrgenerationenprojekt, sondern zeigt – wie auch der »Riegel mit Weitblick« –, wie man mit baulich sehr schwierigen Voraussetzungen umgehen kann. Auch das zunehmend wichtige Thema »Bauen im Bestand«

DIE WAHR WERDEN

wird aufgegriffen – im ländlichen Raum (»Ein Haus im Haus«) sowie im verdichteten innerstädtischen Bereich (»Ein Haus in zweiter Reihe«). Das Hightech-Haus der Zukunft schließlich, in dem sämtliche Funktionen programmiert und ferngesteuert werden können, wird vom »Intelligenten Haus« vertreten.

Bei allen Unterschieden verbindet die »Traumhäuser« ihre hohe architektonische Qualität sowie die relativ niedrigen Baukosten. Dies ist kaum verwunderlich, sind doch sämtliche Projekte von und mit Architekten verwirklicht worden, die neben langjähriger Erfahrung auch Einfallsreichtum und hohe Ansprüche an Funktionalität und Ästhetik – auch in Gestalt erfahrener Handwerker – mitbrachten. Die sorgfältige und kostenbewusste Planung verlief in enger Rücksprache mit den jeweiligen Bauherren, erstreckte sich bis ins kleinste Detail und schloss bei allen Projekten auch die Innenraumgestaltung ein. So sind kleine Gesamtkunstwerke mit kluger Flächennutzung und optimaler Raumwirkung entstanden, bei denen von der Fassade bis zur Türklinke alles zusammenpasst. Oftmals entschieden sich die Bauherren im Laufe des Bauprozesses für besonders hochwertige Ausstattungen, so dass die veranschlagten Kosten teilweise überschritten wurden. Die meisten Projekte zeigen jedoch – allen voran das »Kleine Haus für wenig Geld« –, dass gestalterischer Anspruch auch ohne großes Budget und hohe Quadratmeterzahlen umgesetzt werden kann.

Vor allem jedoch spiegelt jedes Haus ganz unterschiedliche ästhetische Vorstellungen wider und erfüllt die individuellen Bedürfnisse der Bauherren – ohne sich allzu sehr von der Umgebung abzusetzen. Diesem Zusammenspiel von Mentalität und Lebensstil der Bauherren und der jeweiligen Architektur trägt das Buch Rechnung, indem es die Entstehungsgeschichten der Häuser erzählt, die Bauherren in ihren fertigen Häusern zeigt und sie selbst zu Wort kommen lässt. Dabei wird deutlich, dass der Begriff »Traumhaus« für jeden etwas anderes bedeutet. Wie man wohnt, ist Ausdruck der Persönlichkeit und folglich individuell völlig verschieden. Eines jedoch verbindet alle Bauherren in diesem Buch: Sie haben *ihren* Traum vom perfekten Haus verwirklicht. Wir hoffen, dass die Reihe *Traumhäuser* Zuschauer und Leser inspirieren kann, auch ihre Wohnträume wahr zu machen.

Sabine Reeh

Mehr Informationen zur Sendereihe:
www.br-online.de/traumhaeuser

Sabine Reeh ist leitende Redakteurin beim Bayerischen Rundfunk und verantwortlich für die Architekturfilmreihe *Traumhäuser*.

1 Ein Doppelhaus wie kein zweites

ES IST MÜNCHENS SCHÖNSTE ALLEE, DA SIND SICH ALLE ANWOHNER EINIG. Gesäumt von alten Buchen, in ruhiger Lage, aber doch nicht zu weit entfernt von der Innenstadt und mit erschwinglichen Grundstückspreisen, erstreckt sich die Straße, in der die Bauherren den idealen Bauplatz für ihr Traumhaus fanden.

Doch nichts im Leben ist perfekt und das Verwirklichen von Träumen birgt besonders viele Risiken, enttäuscht zu werden – das wurde auch der ungewöhnlichen Bauherrengemeinschaft, bestehend aus einem deutsch-koreanischen Ehepaar, deren erwachsener Tochter und dem Schwiegersohn, sehr bald klar.

HÄUSER WIE SIAMESISCHE ZWILLINGE

Die grüne Vorstadtidylle hat es in sich. Da ist zunächst einmal der strenge Bebauungsplan, der eine Doppelhausstruktur vorschreibt – auch wenn die bestehenden spitzgiebeligen Siedlungshäuser aus den 30er Jahren des letzten Jahrhunderts meist klein, sanierungsbedürftig und architektonisch nicht mehr zeitgemäß sind. In der Praxis

heißt das: Jede neu gebaute Haushälfte muss sich an Formen und Maße des oft altersschwachen Nachbarn anpassen. Die Gestaltungsmöglichkeiten neuer Bauherren sind entsprechend eingeschränkt.

Welch seltsame Hybride die erzwungene Symbiose hervorbringt, lässt sich an den schon bestehenden Neubauten nur allzu deutlich ablesen. Moderne, großzügige Architektenhäuser mit meist großen Fensterflächen und baulichen Besonderheiten wie Aluminiumdächern lehnen sich eher unwillig an ihre konventionellen und in weniger wohlhabenden Zeiten entstandenen Nachbarn an, übernehmen stoisch Form und Neigung der bestehenden Satteldachhälfte und versuchen ansonsten, möglichst unbeteiligt auszusehen.

So ein angewachsener »siamesischer Zwilling« würde auch ihnen blühen, das wurde den Bauherren trotz anfänglicher Kulanzversprechen seitens der Lokalbaukommission und des Stadtplanungsreferats bald klar. Das war der Preis für die fantastische Lage. Dabei wollten sie alles bauen, nur keinen Kubus mit Satteldach.

DER RICHTIGE ARCHITEKT FÜR DIE BAULICHE HERAUSFORDERUNG

Am besten, dachten sich die Bauherren, kann uns jemand helfen, der sich mit den eigenwilligen Bauvorgaben bereits erfolgreich auseinandergesetzt hat. Kurzerhand klingelten sie an den Türen ihrer Meinung nach besonders gelungener Neubauten in der Nachbarschaft und fanden so den jungen Architekten Michael Gumpp. Gemeinsam mit ihm und in enger Rücksprache mit den Baubehörden entwickelten sie nacheinander drei ungewöhnliche Entwürfe, die jedoch allesamt abgelehnt wurden.

Ähnlich aber nicht identisch: die beiden schräg zueinander verschobenen Gebäudekörper

Baumkiller – Traumhaus-Thriller

Der vierte, nochmals modifizierte Entwurf ist endlich vom Planungsamt genehmigt, da meldet sich die Untere Naturschutzbehörde und ordnet das Fällen einer Rotbuche an, die Teil der Allee ist und die Zufahrt zur künftigen Baustelle behindert. Zu gefährlich sei es, Schädigungen des Baumes durch die schweren Baufahrzeuge und ein daraus resultierendes Umstürzen zu riskieren. Obwohl alle Parteien den alten Baumbestand schützen wollen, sieht sich die Behörde in diesem Fall gezwungen, eine Fällung anzuordnen. Ohne Fällung keine Baugenehmigung. Schweren Herzens lassen die Bauherren den Baum fällen und ziehen sich damit den Unmut überengagierter Naturschützer auf sich, die die Bauherren mit anonymen Anrufen und beleidigenden Schmierereien auf dem Bauzaun unter Druck setzen. Viele alteingesessene Nachbarn sehen den Zuzug neuer Anwohner und deren andersartiger Architektur nicht gerne. Sie glauben, dass die Lücke in der geliebten Allee den neuen Nachbarn angelastet werden kann. Die Stimmung ist im wahrsten Sinne des Wortes im Keller. Als jemand nachts ein Plastikgewehr an den Bauzaun nagelt, will die koreanische Bauherrin entnervt aufgeben.

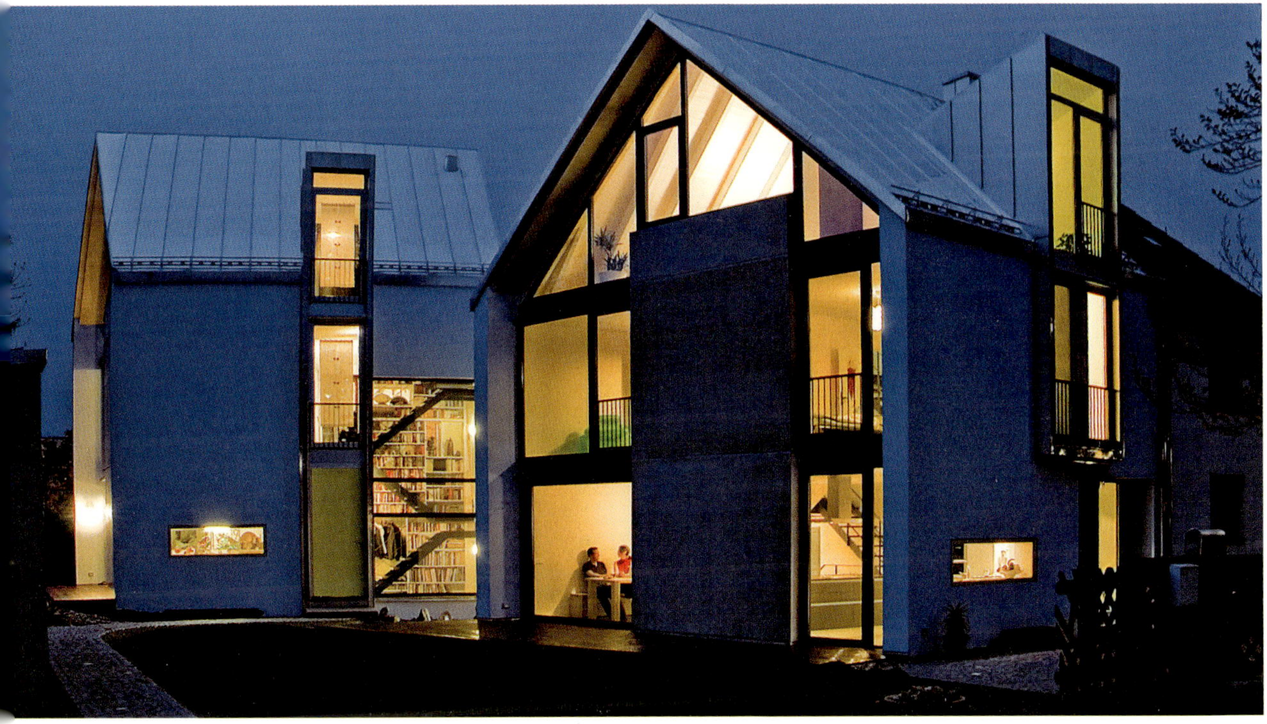

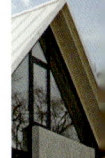

UNTEN UND RECHTS: DIE GIEBELHOCH VERGLASTEN WESTFASSADEN
WERDEN DURCH SICHTBETONPLATTEN STRUKTURIERT. PUTZ, SICHT-
BETON UND DÄCHER SIND FARBLICH AUFEINANDER ABGESTIMMT.

RECHTS AUSSEN: DIE MARKANTEN GAUBEN SIND BIS WEIT
UNTERHALB DER TRAUFE EINGESCHNITTEN.

ABENTEUER BAUEN

Und das Abenteuer Bauen geht weiter: Der Roh-
bauer meldet Konkurs an, die Fensterbauer halten
ihre Termine nicht ein, der Kran kommt nicht
rechtzeitig, es gibt Ärger mit den Stadtwerken ...

Die Bauherren hadern mit ihrem Schicksal,
doch Architekt Michael Gumpp ist unbeeindruckt.
So ist das beim Bau, trotz umsichtiger Planung
und engagierter Bauleitung – irgendetwas verzögert sich immer. Und letztendlich wissen die Bauherren natürlich: Hier geht es um die Verwirklichung ihrer Träume vom perfekten Wohnen und
dafür nehmen sie die verschiedenen Ärgernisse in
Kauf. Zudem sind sie längst Hals über Kopf ver-
liebt: in die großen Fenster, die interessanten
Sichtachsen, die extravaganten Gaubeneinschnit-
te, die ungewöhnlichen Grundrisse, die verschie-

denen Ebenenhöhen ihres Traumhauses. Vor allem aber sind beide Bauherrengenerationen glücklich, künftig zusammen wohnen und arbeiten zu können, ohne zuviel Privatsphäre opfern zu müssen.

EIN DOPPELHAUS ALS DOPPELHAUSHÄLFTE

Der Neubau musste profilgleich an die bestehende Haushälfte der Nachbarn angebaut werden. Die Bauherren hatten sich zudem zwei eigenständige, nur durch einen Ateliertrakt verbundene Gebäude gewünscht. Eltern und Tochter sind Designer und arbeiten vorwiegend zuhause. Den großen Atelierraum, der von beiden Häusern aus zugänglich ist, nutzen sie gemeinsam. Ansonsten hat jede Generation ihre eigenen Wohnbereiche und natürlich ihren eigenen Hauseingang. Die leuchtend gelb lackierte Eingangstüre des hinteren Hauses setzt einen farbigen Akzent an der ansonsten durch hellblauen Putz, Sichtbeton und Glas geprägten Fassade.

UNGEWÖHNLICHE ÖFFNUNGEN, SPANNENDE AUSBLICKE

Beide Teile des Doppelhaus-Neubaus sind nach Westen hin ganzseitig verglast. Die durch den Anbau bedingte, fast vollständige Schließung nach Osten wird dadurch ausgeglichen. Nur jeweils eine riesige Betonscheibe, die sich vom Erdgeschoss bis hin zum ausgebauten Dachboden streckt, fungiert als geschlossene Teilfassade. Der rohe Sichtbeton strukturiert nicht nur die offenen Hausseiten, sondern setzt mit seinem etwas spröden Parkhaus-Charme auch ästhetische Akzente. Auch der zweigeschossige Verbindungsbau, der unten das gemeinsame Atelier und oben das Wohnzimmer der jungen Bauherren mit jeweils rund 40 m² umfasst, wirkt mit seinen großen Fenstern nach Westen und Norden sehr offen. Die Südseiten der beiden Haushälften sind von markanten, bis ins darunterliegende Stockwerk eingeschnittenen Gauben geprägt. Im Haus der Eltern reicht dieser Einschnitt gar über 12 m, vom Dach bis zum Erdgeschoss und umfasst das Treppenhaus und den Eingangsbereich. Die Nordseite des

Hauses ist ebenfalls durch eine hohe Gaube geprägt. Beim Haus der Tochter bot sich dies aufgrund der Art, wie die Gebäude zueinander verschoben sind, jedoch nicht an. Neben den offenen, verglasten Hauswänden mit ihren Sichtbetonplatten und den Gauben komplettieren schmale Fenster-

bänder in den Erdgeschossen die Trilogie der ungewöhnlichen Öffnungsformen. Der Architekt hat sie so zueinander in Verbindung gesetzt, dass verschiedenste Sichtachsen für attraktive Aus- und Durchblicke sorgen. Das maximale Ausschöpfen der erlaubten Gebäudehöhe von 11,20 m und

DIE NORDSEITE MIT DEM ATELIERTRAKT

DER GROSSE WOHNBEREICH DER ELTERN IST NACH ALLEN
VIER HIMMELRICHTUNGEN OFFEN.

UNTEN: DAS ESSZIMMER DER ELTERN IM HINTEREN HAUS

die großen Fensterfronten vermitteln in den Dachgeschossen den Eindruck, buchstäblich in den Baumkronen zu wohnen. Im Sommer sieht man nur das Grün der Blätter und das Blau des Himmels: Wohnen mit der Natur für Städter.

ZEN-MINIMALISMUS UND ZIRBELSTUBEN-ROMANTIK

Die bayerisch-koreanischen Bauherren lieben modernes Design, wollten aber auch unbedingt traditionelle bayerische und asiatische Elemente in die Gestaltung einbeziehen. Da sich die strenge, reduzierte Zen-Ästhetik ohnehin gut mit dem Minimalismus der Moderne verträgt, sind Räume von stimmiger Schlichtheit entstanden. Im Haus der Eltern drückt sich die interkulturelle Familientradition am stärksten aus. Der Wohn- und Essraum im Erdgeschoss hat eine gemütlich-bayerische Sitzecke mit Holztisch, Holzstühlen und einer alten Sitzbank, die mit dem modernen Fensterband korrespondiert. Die industriell-loftig anmutende Sichtbetonwand wurde kurzerhand durch eine Blümchentapete entschärft, zwei mit traditionellen Blumenmotiven bemalte bäuerliche Holzbuffets und eine alte Standuhr komplettieren das rustikale Wohnstuben-Ambiente. Das Möbelensemble besteht aus Erbstücken, die der Vater des Bauherrn selbst bemalt hat. So kam ein weiteres Stück Tradition in den modernen Neubau.

Ganz anders im Stockwerk darüber: Hier gibt Asien den Ton an – Klarheit und Einfachheit statt kuscheliger Gemütlichkeit. Keramiken und Kalligrafien aus Fernost, verschiedene asiatische Fächer, antike koreanische Holzschränke, Shoji-Paravents aus Bambus und Reispapier und viele andere Details verweisen auf die Heimat der Bauherrin. Schlichte schwarze Ledersessel sowie ein dazu

passendes Sofa markieren den Schwerpunkt des
offenen, weitläufigen Raumes. Der graue Pandomo-
Boden, ein fugenloser, strapazierfähiger Belag auf
Zementbasis und die Sichtbetonplatte schaffen
eine Industrieoptik, die hervorragend zum kargen
Asia-Stil passt: Teehaus und Loft in München-
Hartmannshofen. Großzügige Fensteröffnungen
holen Licht aus allen vier Himmelsrichtungen
herein, bieten abwechslungsreiche Ausblicke ins
Grüne und schaffen eine einzigartige Wohnqualität. In der Raummitte ist in den Boden ein Litho-
grafiestein eingelassen – eine weitere ganz per-
sönliche Note der Grafiker-Bauherren.

VERTIKALE BIBLIOTHEK MIT AUSBLICK

Ein Ehrenplatz für die zahlreichen Kunstbände
der Bauherren – viele von ihnen selbst gestaltet –
ist in der hohen Gaube entstanden. Zwölf Meter
hoch ist das maßgefertigte Bücherregal, das sich
über drei Stockwerke erstreckt. Diese vertikale Bi-
bliothek ist geräumig, ansprechend platziert,
leicht zugänglich und verbraucht keinen wertvol-
len Wohnraum, da der Gaubenbereich zugleich als
Treppenhaus fungiert. Zudem ermöglicht es die
zentrale Unterbringung der Bücher, die weiß verputzten Wände der Obergeschosse frei und unver-
stellt zu halten. Auch hier wurde auf maximale
Durchlässigkeit geachtet. Einschnitte in der Re-
galwand schaffen reizvolle Durchblicke in und
aus dem Wohnraum im Obergeschoss. Die Vollver-
glasung des Gaubenbereichs sorgt für Helligkeit
und ein Gefühl von Weite.

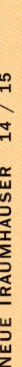

GRAUE BETONWÄNDE UND BUNTE NEONRÖHREN

Das Atelier verdankt seine rohe, postindustrielle Fabrikatmosphäre vor allem den unverputzten, lediglich grau gestrichenen Betonwänden und dem dunkelgrauen Epoxidharz-Boden. Unregelmäßig platzierte weiße und bunte Neonröhren strukturieren die schlichten Wand- und Deckenflächen. Man wähnt sich inmitten einer Installation des amerikanischen Künstlers Dan Flavin, der hauptsächlich mit Leuchtstoffröhren arbeitet. Tageslicht fällt nicht nur durch die beiden großen Fenster in den Raum, sondern auch durch den hellen Bereich mit der offenen Treppe.

ORDNUNG IN DER UNTERWELT

Dass beide Gebäudeteile über großzügige Keller von insgesamt 120 m² Fläche verfügen, spielt für das aufgeräumte Ambiente in den Wohnbereichen eine nicht unerhebliche Rolle. Die Stau- und Haushaltungsräume haben ein Gesamtvolumen von 464 m³. Ob Waschen, Trocknen oder Bügeln, ob Schuhe putzen oder Vorräte lagern – alle Vorgänge, die den ästhetischen Gleichklang stören könnten, sind in die Unterwelt verbannt. Zudem gibt es im Keller des Vorderhauses ein 20 m² großes Fotostudio, in dem die Bauherrin, Diplom-Designerin und Fotografin, die Fotos für ihre Bücher herstellen kann. Beide Gebäude verfügen über Gästezimmer. Durch die Geländemodulation an der Rückseite des hinteren Hauses hat das dort befindliche Gästezimmer sogar ein Souterrainfenster mit Blick in den Garten.

Bonsai und Boskop

Auch im Außenbereich trifft Ost auf West. Von der großen Glasfront der Küche in der hinteren Haushälfte soll bald ein asiatisch anmutender Steg in einen kleinen Zen-Garten mit Bambus, Bonsai und Kiesbeeten führen. Die Achse des Stegs wird verlängert durch eine ländlich-idyllische Apfelbaumallee. Aus den großen West-Glasfassaden beider Häuser tritt man auf kleine Terrassen, die mit Dielen aus Massaranduba-Holz belegt sind und auch der atriumsähnliche, geschützte Außenraum auf der Gartenseite, im Winkel zwischen dem Haus der Eltern, dem Verbindungsgebäude und dem Nachbarhaus, bietet einen Freisitz.

Inzwischen sind die Sorgen der Bauphase fast vergessen und die Bauherren stolz auf ihr außergewöhnliches Doppelhaus. Sie sind sich einig:

» *Am meisten lieben wir die wunderschönen Durchblicke, das Offene, Helle und Großzügige an unserem einzigartigen Traumhaus.*

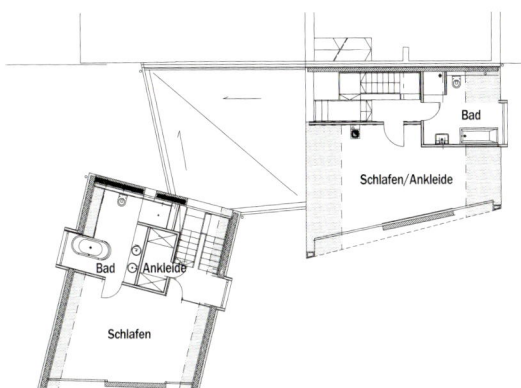

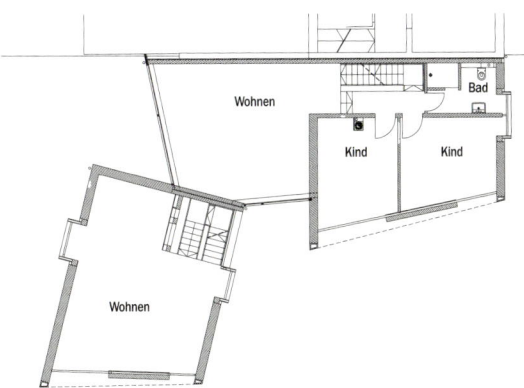

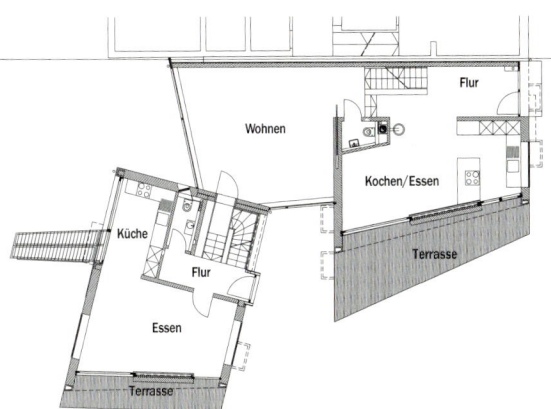

BAUDATEN

Standort	München-Hartmannshofen
Grundstücksfläche	1156 m²
Wohnfläche	280 m²
Nutzfläche	120 m² (Keller)
	42 m² (Garage)
Umbauter Raum (BRI)	1890 m³
Bauweise	Massiv
	(Mauerwerk, Stahlbeton)
Energiekonzept	Grundwasserwärmepumpe
Baukosten	1403 €/m²
Gesamtkosten	620 000 €
Besonderheiten	Mehrgenerationenhaus

ARCHITEKTEN

gumpp.heigl.schmitt architekten
Michael Gumpp
Müllerstraße 43
80469 München
Tel: 089 23 55 59-10
Fax: 089 23 55 59 19
www.gumpp-heigl-schmitt.de

2 Ein Haus mit Einschnitten

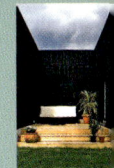

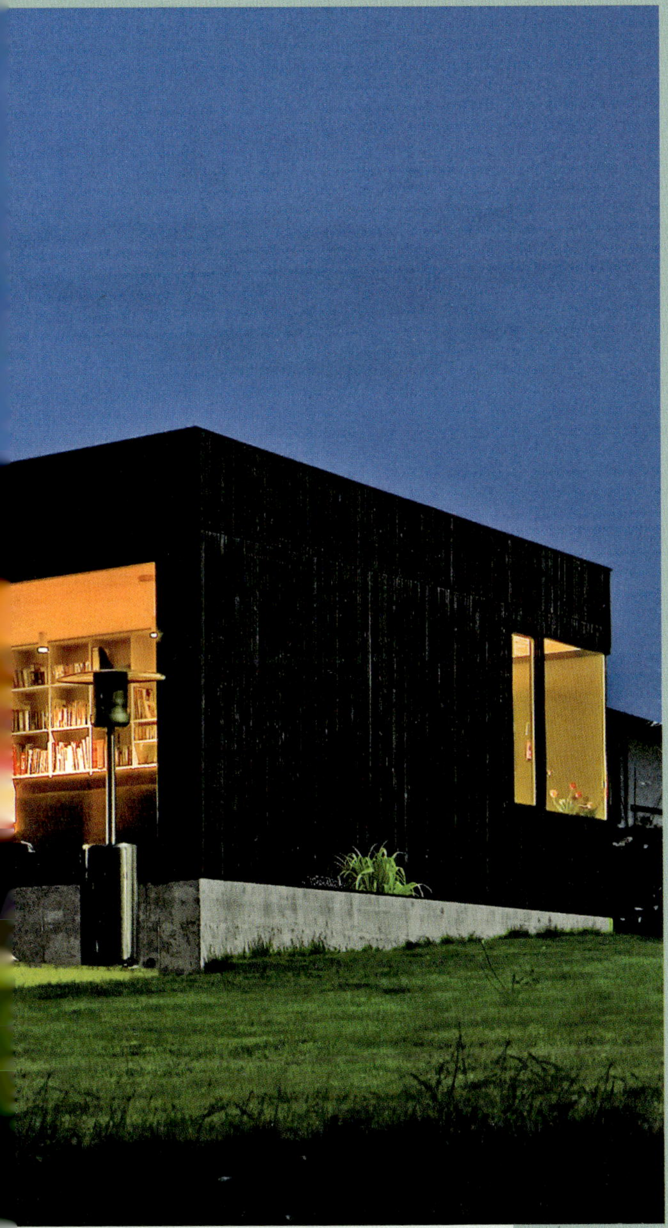

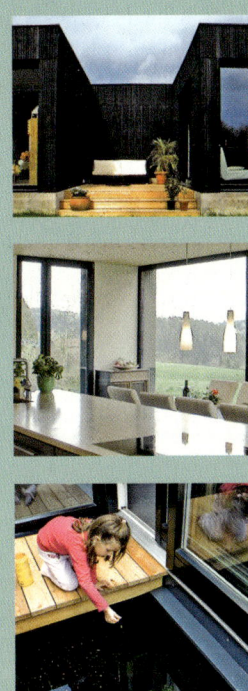

Eigentlich hatte die Familie aus Passau ihr Traumhaus schon gebaut, in einem Neubaugebiet im Stadtteil Heining. So dachte sie zumindest. Doch im Laufe der Zeit gab es immer mehr Aspekte, die ihr nicht mehr gefielen. Vor allem die unökonomische und konventionelle Raumaufteilung entsprach nicht ihren individuellen Bedürfnissen. Die einzelnen Zimmer waren nicht da, wo sie benötigt wurden. Das große Treppenhaus erschien irgendwann als Verschwendung.

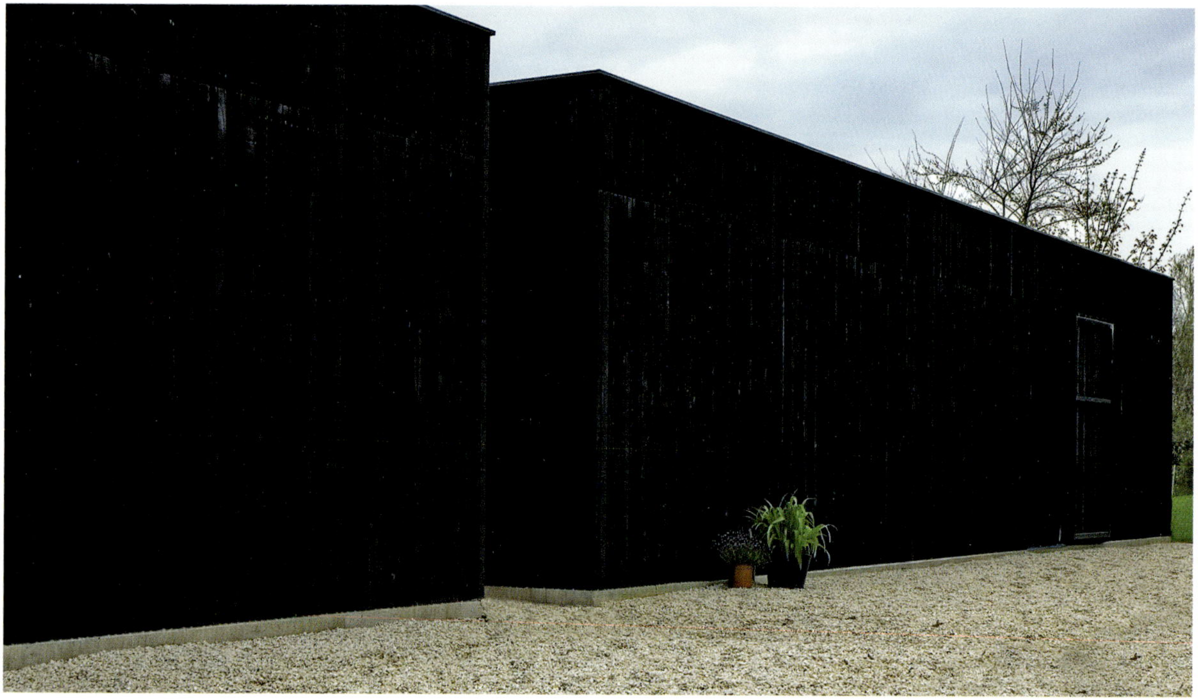

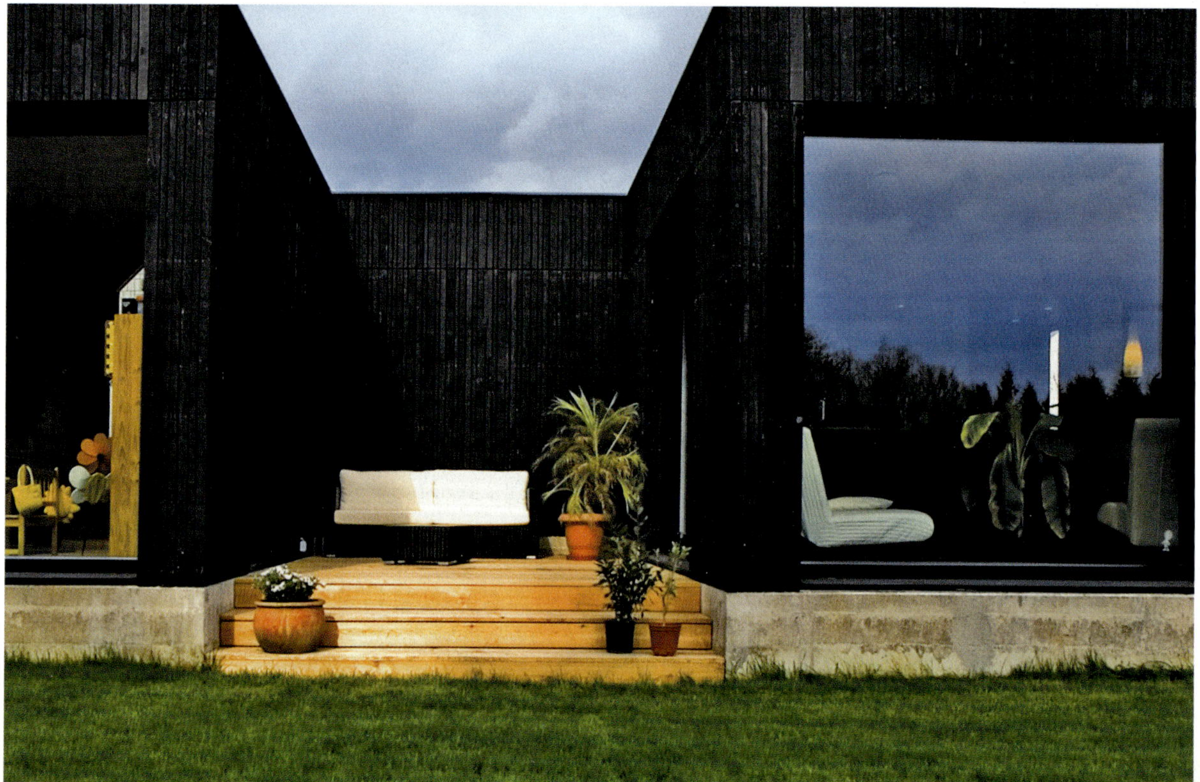

DIE GESCHLOSSENE STRASSENSEITE MIT EINGESCHNITTENEM
EINGANGSBEREICH

GESCHÜTZTER FREISITZ ZWISCHEN ESSBEREICH UND KINDER-
ZIMMER

UNTEN: TERRASSEN-EINSCHNITT VOR WOHNRAUM UND ESS-
BEREICH AN DER SÜDWESTSEITE

AUCH TRÄUME KÖNNEN SICH ÄNDERN

Da traf es sich gut, dass fast direkt gegenüber noch ein attraktiver Bauplatz frei war für Traumhaus Nummer zwei. Kompromisslos, nach ihren ureigenen Vorstellungen, basierend auf den Erfahrungen mit Traumhaus Nummer eins, wollte die Familie ihr neues Zuhause gestalten – diesmal mit Unterstützung eines Architekten. Sämtliche Häuser der Siedlung – inklusive ihres alten Hauses – verharrten in trauter Uniformität: Keller, zwei Stockwerke, Ziegelwände, heller Putz und Satteldach. Die Bauherren entschieden sich dagegen für das ungewöhnliche Konzept ihres Architekten Stefan Hiendl: einen eingeschossigen

Flachdachriegel in Holzrahmenbauweise mit dunkler Holzverkleidung aus sägerauer Tanne mit verschiedenen Lattenbreiten. Statt der üblichen Fenster gibt es raumhohe Glasfronten zum Garten und eine fast vollständige Schließung zur Straße hin, die praktischerweise auf der Nord-Ost-Seite verläuft. Verschiedene Einschnitte in den Gebäudekorpus lassen einen ungewöhnlichen Grundriss entstehen, der innen wie außen spannende Räume und attraktive Sichtachsen ermöglicht. Durch die Holzrahmenbauweise, bei der sämtliche Wände in der Schreinerei vorgefertigt wurden, betrug die reine Bauzeit nur vier Monate.

UNTEN: EINSCHNITT AN DER NORDWESTSEITE MIT DEM
KINDERZIMMER

DAS KINDERZIMMER IST NACH DREI SEITEN HIN GEÖFFNET
UND HAT DADURCH EINE BESONDERS LICHTE UND OFFENE
RAUMWIRKUNG.

EIN RIEGEL MIT FÜNF EINSCHNITTEN

Auf der Gartenseite schaffen drei verschiedene Einschnitte unterschiedliche, geschützte Freisitze. Der Einschnitt an der südlichen Ecke des Gebäudes, vom Wohnzimmer aus zugänglich, bietet rund 13 m² Terrassenfläche und dient in den warmen Monaten als Erweiterung des mit 15 m² eher kleinen Wohnraums. Zwischen Essbereich und Kinderzimmer ist ein fast 16 m² großer Hof entstanden, der sich zum Garten hin öffnet. Hier kann im Sommer »al fresco« gegessen werden. Der Hof ist sowohl vom Essbereich als auch vom Kinderzimmer aus durch große Glasschiebtüren

zugänglich, leitet zusätzliches Licht in beide Räume und trägt wesentlich zum Gefühl der Großzügigkeit und Offenheit des Hauses bei. Auf der Nord-Westseite bildet ein dritter, sehr langer schmaler Einschnitt einen sichtgeschützten Austritt aus dem Elternschlafzimmer in den Garten. Die Einschnitte machten es möglich, das Kinderzimmer an drei Seiten zu öffnen: zum Garten hin und zu den beiden Einschnitten. Dadurch entsteht eine interessante Sichtachse vom Essbereich durch den Einschnitt und das Kinderzimmer hindurch bis zur Öffnung an der Nordwestseite.

Auf der Straßenseite komplettieren zwei weitere Einschnitte das Konzept. Besonders reizvoll ist

der kleine Licht- und Wasserhof (3,6 m²) zwischen Elternschlafzimmer und Bad. Er ist zur Garage hin durch eine große Holztür geschlossen, die sich lückenlos in die Fassade einfügt. So entsteht ein völlig sichtgeschütztes Atrium, das den beiden sehr privaten Räumen große, offene Fensterfronten ermöglicht. Der attraktive Hof wird zusätzlich durch einen kleinen Steg aufgewertet, über den die Bauherren im Sommer direkt vom Schlafzimmer ins Bad schreiten können. Sind Kinderzimmertür und Holztür des Wasserhofs geöffnet, entsteht eine Sichtachse quer durch den gesamten Gebäuderiegel.

Schließlich gibt es noch den 4 m tief eingeschnittenen Eingangshof auf der Straßenseite. Er bietet einen geschützten Zugang sowie Raum für zwei Haustüren – eine zum Wohnbereich der Familie, die andere zum Büro der Bauherrin. Das Arbeitszimmer an der Nord-Ost-Seite, die Gästetoilette und ein kleiner Flur bilden eine separate Einheit, die mit den Privaträumen durch eine Tür verbunden ist. So kann die zuhause arbeitende Bauherrin ihren Bürobereich je nach Bedarf vom Privatbereich abtrennen, Kunden müssen nicht durch den Ess- und Kochraum geführt werden, sondern treten direkt durch die zweite Haustür ein. Um diese Trennung, die sich in der Gesamtanmutung des einheitlichen Gebäudekorpus nicht abzeichnet, zu betonen, haben die Bauherren extra zwei Hausnummern beantragt. Eine Glaswand an der Stirnseite des Eingangshofes öffnet eine Sichtachse durch die gegenüberliegende Fensterfront direkt in den Garten. Der lange, schmale Erschließungseinschnitt erhält dank dieses Durchblicks eine spannungsvolle Tiefe. Gleichzeitig stellt diese Sichtachse ein Pendant zur parallel verlaufenden Achse Kinderzimmer – Wasserhof – Garage dar.

SICHTACHSE VOM GARTEN DURCH
DEN ESSBEREICH ZUR STRASSE

RECHTS: DAS BECKEN IM
KLEINEN WASSERHOF DIENT ALS
MINI-FISCHTEICH.

STRIKTE RAUMÖKONOMIE
BEI MAXIMALER GROSSZÜGIGKEIT

Das neue Traumhaus sollte nicht unbedingt größer sein als das alte. Bei der Raumgestaltung zählte für die Bauherren eher Qualität als Quantität. Jeder einzelne Quadratmeter sollte sinnvoll genutzt werden. Das leidige Problem »Erschließung«, also Flure und Treppen, wurde durch die Beschränkung auf eine Wohnebene gelöst. Der moderne Bungalow hat weder Keller noch Dachboden. Dies ist auch Ausdruck des Lebensstils der jungen Familie mit Kind, denn statt Dinge zu lagern, wollen sie alles Überflüssige sofort entäußern. Weder Ballast noch ungenutzte Räume sollen die reduzierte Klarheit und Offenheit des Hauses stören. Trotzdem bietet es erstaunlich viel Stauraum. Zwei fensterlose Abstellkammern und ein Technikraum sind auf der geschlossenen Straßenseite untergebracht und so unauffällig integriert, dass man sie trotz ihrer insgesamt rund 15 m^2 nicht wahrnimmt. Das Schlafzimmer verfügt über einen in einer Nische untergebrachten begehbaren Schrank, der hinter großen Schiebetüren verschwindet und den Grundriss des Raumes nicht beeinträchtigt.

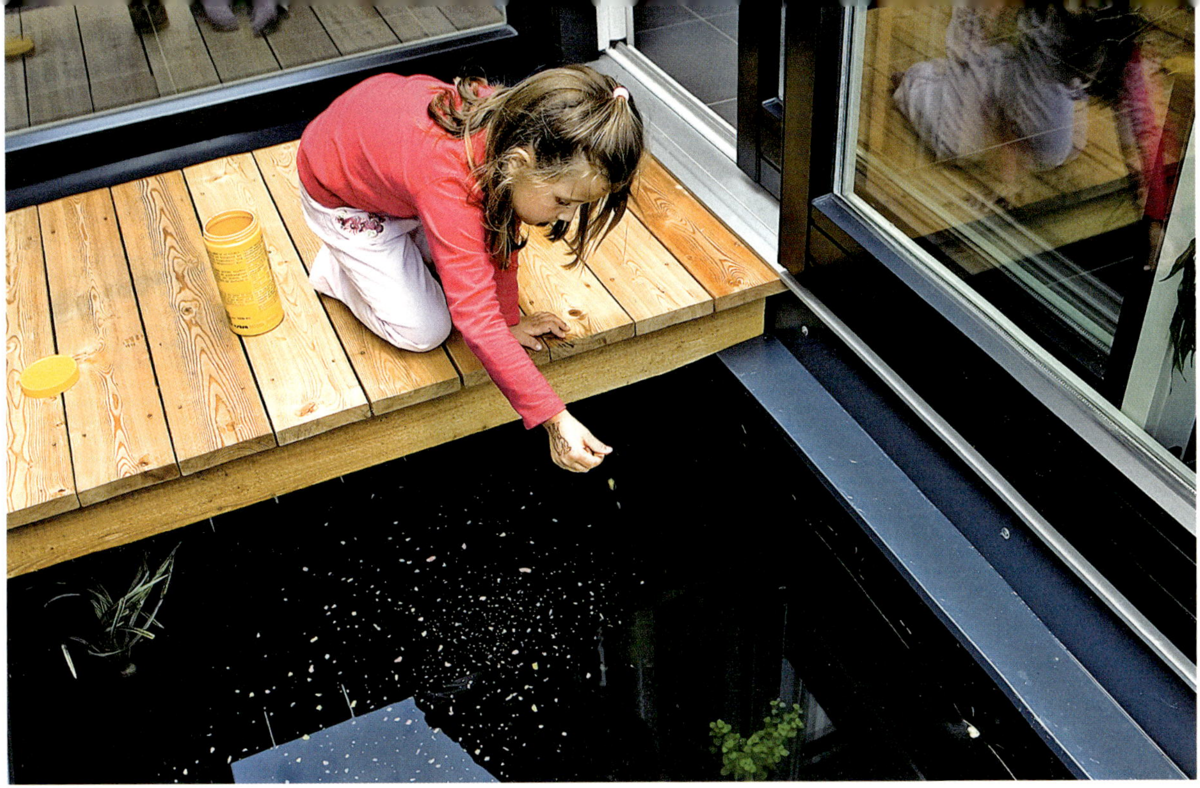

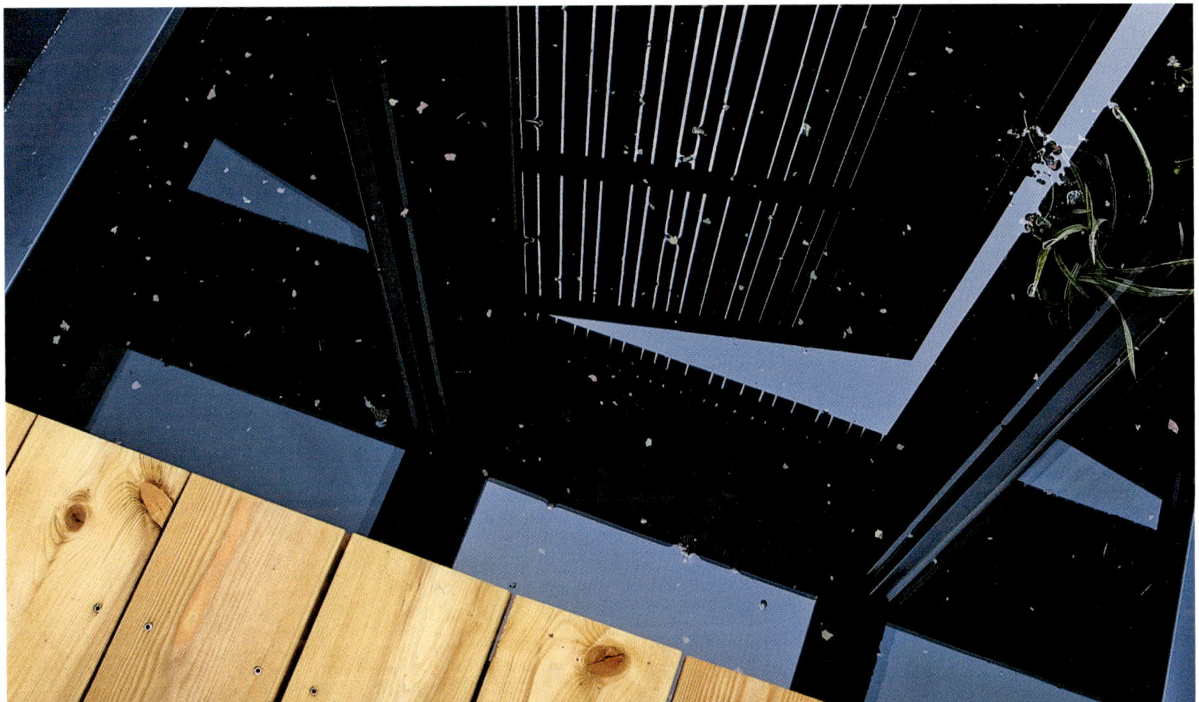

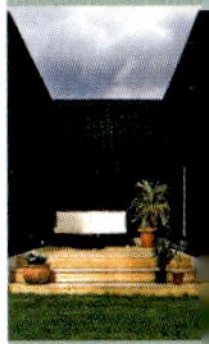

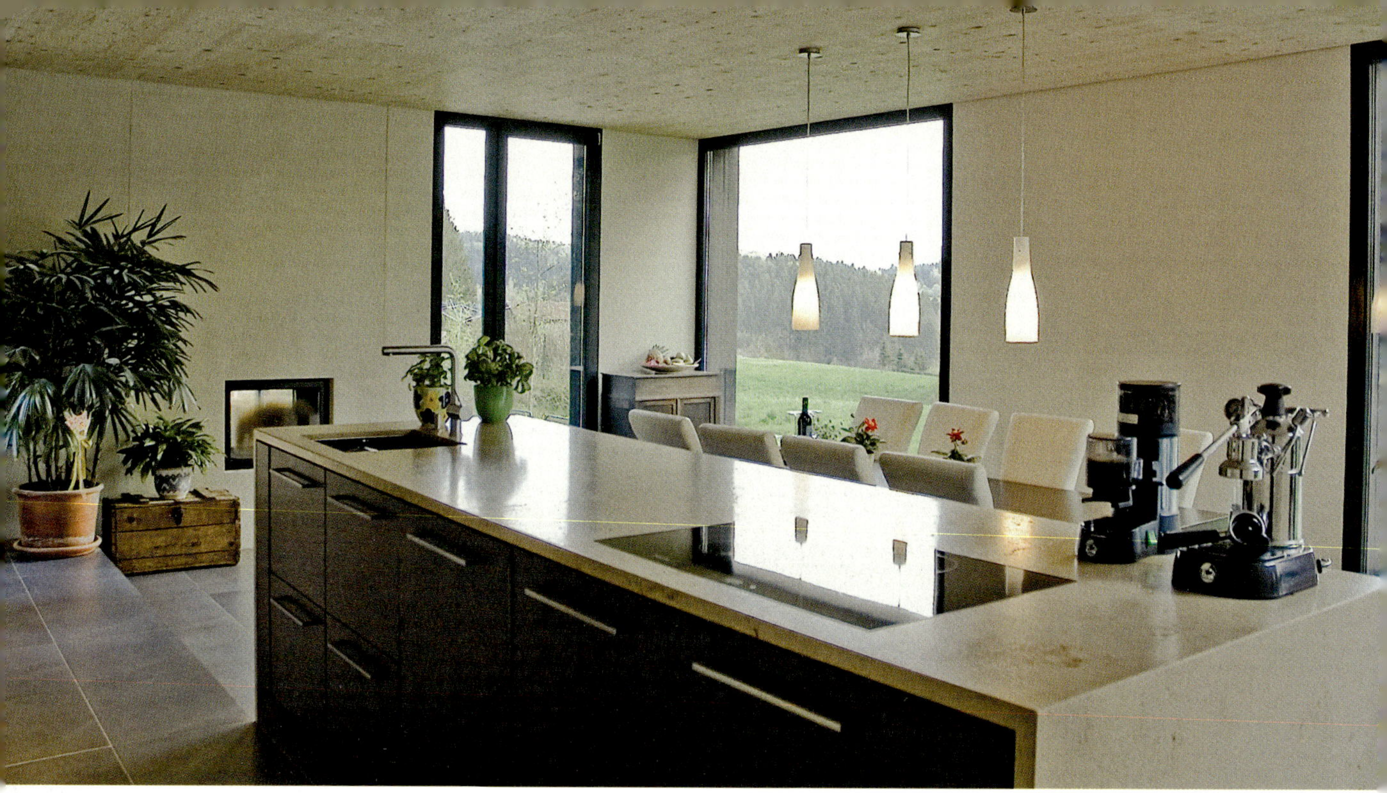

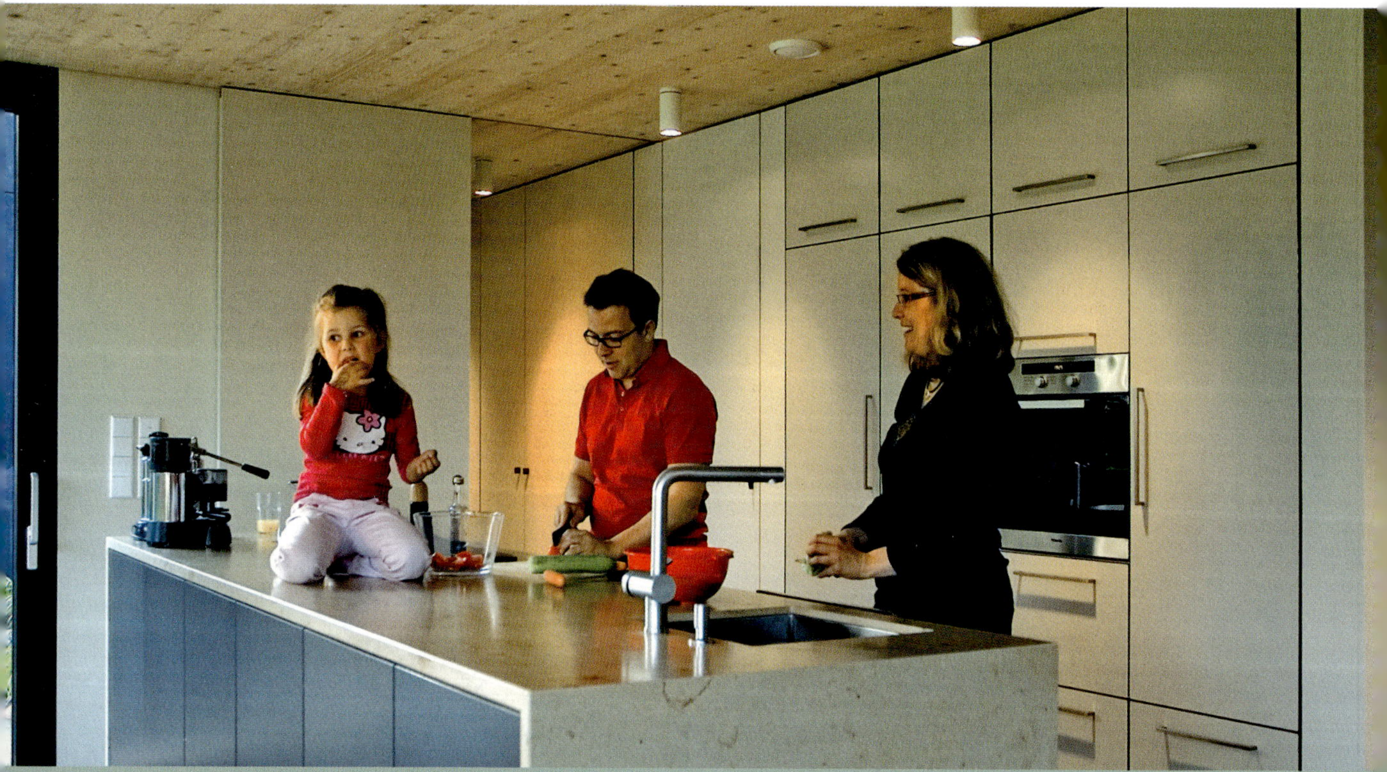

KÜCHENBLOCK MIT PANORAMA-
AUSBLICK

DIE BAUHERREN BEIM KOCHEN

RECHTS: DER BEIDSEITIG
VERGLASTE KAMIN GESTATTET
INTERESSANTE DURCHBLICKE.

KÜCHE MIT WEITBLICK

Genial ist die Doppelnutzung des Kochbereichs. Der Raum zwischen der langen, eleganten Küchenzeile aus mattem Juramarmor, die den Übergang zum Essbereich definiert, und den genau gegenüberliegenden Einbauschränken ist Verkehrsweg und Küche zugleich und trägt so wesentlich zur Raumökonomie bei. Er verbindet in einer Linie den kleinen Flurbereich der Schlafräume im Nordwesten mit dem Eingangsbereich sowie dem Übergang zum Südost-Flügel mit Wohnzimmer und Büro.

Trotz ihrer gerade einmal 10 m² umfassenden Grundfläche wirkt die Küche durch die fließende Integration in den zentralen Raum des Hauses großzügig. An Herd und Spüle stehend, blickt man in den lichten, geräumigen Essbereich und durch die großen Glasfronten schweift der Blick weiter über Garten und Wiesen bis zum Waldrand. Das Gefühl der Weite wird dadurch verstärkt, dass der Essbereich gegenüber der Ebene von Küche und Eingangsbereich um fast 20 cm abgesenkt ist. Das Grundstück liegt zudem auf leicht abschüssigem Gelände, so dass man beim Kochen wie von einer Aussichtsplattform aus ein beeindruckendes Panorama überblickt.

Insgesamt umfasst der Koch-, Ess- und Eingangsbereich fast 50 m², der Essbereich, der sich auf der unteren Ebene befindet, erreicht eine Raumhöhe von 2,70 m. Das Raumvolumen wird durch den Ebenenversprung und die Küchenzeile dezent strukturiert. Gleichzeitig lassen die Erweiterungen zu den Terrasseneinschnitten, die Öffnungen in alle vier Himmelsrichtungen und die weitläufigen Ausblicke den Raum noch größer erscheinen.

Auch zum angrenzenden Wohnzimmer hat der Architekt einen direkten Bezug geschaffen. Ein auf zwei Seiten verglaster Kamin verbindet die

Räume und erlaubt es, Wärme und Wohligkeit auf beiden Seiten gleichzeitig zu genießen. Das ungewöhnlich kleine Wohnzimmer bildet einen bewussten Kontrast zum voluminösen Zentralbereich. Es ist gemütlicher Rückzugsraum zum Lesen, Fernsehen, Träumen und dient im Bedarfsfall auch als Gästezimmer.

EINHEITLICHKEIT DER MATERIALIEN

Die einheitlichen Materialien der Innenausstattung betonen den harmonischen Bezug der Räume zueinander. Sämtliche Böden sind mit dunkelgrauem italienischem Kunststein belegt, die hellen Decken bestehen aus unbehandelter Weißtanne, alle Wände sind mit Gipsplatten mit Silikatanstrich verkleidet.

Auch innerhalb der einzelnen Räume legte der Architekt größten Wert auf klare, ruhige Formen und einheitliche Flächen. Daher sind die raumhohen Türen nicht nur im gleichen Sandton wie die Wandplatten lackiert, sondern auch bündig mit den Wänden platziert.

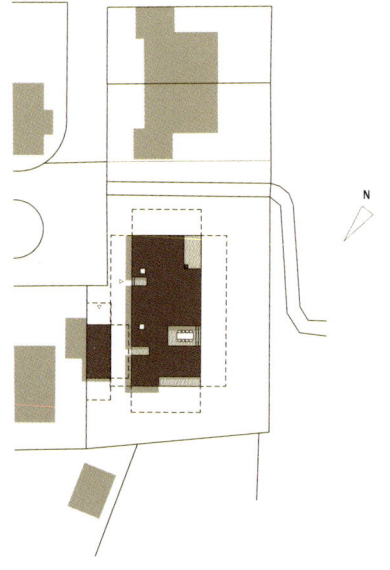

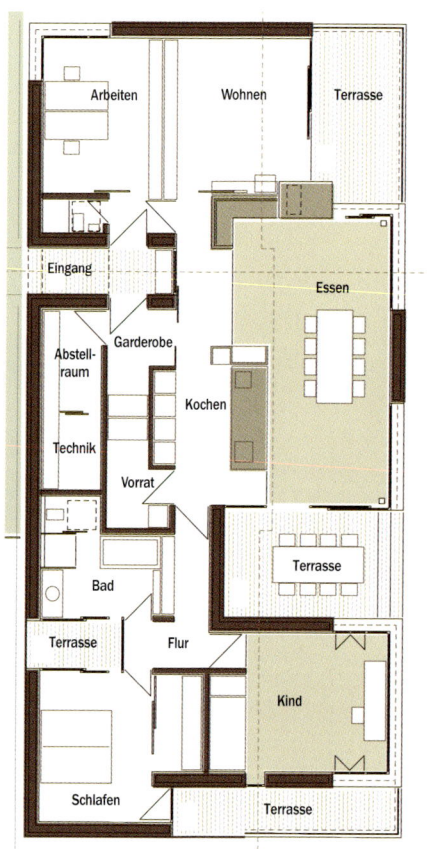

TRAUMHAUS FÜR ALLE LEBENSPHASEN

Durch die weitgehend fehlenden Schwellen und Stufen ist das Haus barrierefrei und wird den Bauherren auch im Alter eine hohe Wohnqualität bieten. Den Ebenenversprung werden sie – da sind sie sicher – auch noch mit Krücken bewältigen können und im Notfall könnte man, so meint der Bauherr, durch eine kleine Rampe auch den Wohn-Essbereich rollstuhlgerecht gestalten.

GEBAUTES LEBENSGEFÜHL

Die ideale Zusammenarbeit zwischen Bauherr und Architekt findet dann statt, wenn es letzterem gelingt, das Lebensgefühl und die individuellen Bedürfnisse seiner Kunden selbst dann perfekt in Architektur zu übersetzen, wenn die Bauherren nur abstrakte, relativ vage Vorgaben machen. »So war es auch bei uns«, sagen die Bauherren. »Wir wussten, wir wollten ein eingeschossiges, helles, offenes, großzügiges Haus mit ökonomischer Raumeinteilung, viel Stauraum und einem separaten Bürobereich. Detailvorstellungen hatten wir nicht.« Architekt Stefan Hiendl ist es gelungen, diese Vision in eine funktionell und ästhetisch anspruchsvolle Form zu übersetzen.

FÜR IMMER FERIEN

Die Bauherren sind begeistert von ihrem Traumhaus: »Schon wenn ich das Haus betrete, habe ich ein angenehmes Gefühl von Ruhe«, sagt der Bauherr und seine Frau fügt hinzu:

» *Die Reduktion auf das Wesentliche, die
klaren Linien wirken sehr stark. Alles ist offen
und hell, nichts trübt den Blick, es gibt keine
überflüssigen Elemente und trotz des unkonventionellen Grundrisses mit seinen
Einschnitten wirkt das Haus einheitlich
und harmonisch.*
Das sieht der Bauherr genauso:

» *Alles ist ökonomisch strukturiert, man kommt
beim Betreten des Hauses gleich
in den Hauptraum. Man fühlt sich wohl
und entspannt, fern vom stressigen Alltag und
mitten in der Natur, so als wäre man immer im
Urlaub.*
Schöner kann Wohnen im Traumhaus nicht sein.

BAUDATEN

Standort	Passau-Heining
Grundstücksfläche	984 m²
Wohnfläche	125 m²
Nutzfläche	99 m²
Nettogrundrissfläche	224 m²
Umbauter Raum (BRI)	871 m³
Bauweise	Holzrahmenbauweise
Energiekonzept	Gasbrennwerttherme,
	Niedertemperatur-Fußbodenheizung,
	Wohnraumlüftung mit Erdwärmetauscher
Baukosten	keine Angaben
Gesamtkosten	keine Angaben

ARCHITEKTEN

hiendl & partner | architekten
Turm am Schanzl
94032 Passau
Tel: 0851 93 20 30
Fax: 0851 93 20 333
www.hiendl-architekten.de

3 Ein kleines Haus für wenig Geld

»Auffallend unauffällig« nennt Architekt Hans Kneidl das kleine Haus, das er am Ortsrand von Seukendorf bei Nürnberg für ein junges Paar mit Kind gebaut hat. In der Tat besticht es durch geradezu offensive Zurückhaltung. Auf einem kleinen Grundstück ist ein schlichtes Einfamilienhaus mit nur 130 m² Wohnfläche entstanden, und das mit engem Budget. Klarheit, Reduktion und strenge Raumökonomie sind die Hauptcharakteristika des Gebäudes.

WENIGER IST MEHR

Das Haus hat – wie die Nachbargebäude in dem konventionellen Neubaugebiet – ein Satteldach. Auch bezüglich Höhe und Volumen passt es sich weitgehend an die vorhandene Bebauung an – gezwungenermaßen, denn der Bebauungsplan ließ dem Architekten nicht viel Spielraum. Und doch fällt das Haus aus dem Rahmen; durch die radikale Einfachheit seiner Form: ein schlichter, rechteckiger Baukörper mit durchschnittlicher Dachneigung, ohne Erker, Gauben, Dachüberstände oder sonstige Ausformungen geradezu die Urform des Hauses; durch die farbliche Einheitlichkeit von Dach und Fassade: Sämtliche Außenflächen sind in nüchternem Grau gehalten; durch die große, über Eck geführte Glasfront nach Südosten; durch die Platzierung der Fensterbänder in der Dachschräge; durch die Offenheit und Großzügigkeit der Innenraumgestaltung: keine Raumverschwendung durch Verkehrswege, der Eingangsbereich misst nur 4 m², ein abgeschlossenes Treppenhaus gibt es nicht. Das Obergeschoss wird durch eine freistehende Sichtbetontreppe erschlossen, die auch den großen Wohn- Ess- und Küchenbereich im Erdgeschoss gliedert.

DAS »TRAUMHAUS« PASST SICH AN UND IST DOCH DEUTLICH ANDERS.

URFORM HAUS: RUMPF MIT SATTELDACH

SCHNÖRKELLOS UND UNKOMPLIZIERT

Klare Formen und große monochrome Flächen in Weiß und Grau mit wenigen starken Farbakzenten bestimmen die Raumästhetik. Sämtliche Böden bestehen aus grauem Fließzementestrich, die Wände sind größtenteils weiß gestrichen, unverputzter Sichtbeton verleiht den Decken im Erdgeschoss sowie der Treppe einen rauen Charme. Im Ess- und Küchenbereich komplettieren die ungewöhnlich lange maßgefertigte Ess- und Arbeitsplatte (4,30 × 1 m) aus grauem Schichtstoff mit integriertem Edelstahlwaschbecken und Koch-

platte sowie ein dunkelgrauer Einbauwandschrank die Symphonie in Weiß und Grau. Vor diesem reduzierten, einheitlichen und geräumigen Hintergrund gewinnen die wenigen, mit Bedacht platzierten Akzente umso mehr an Wirkung, so etwa die beiden Möbelelemente aus knallrotem Schichtstoff: die maßgefertigte Truhe unter der freistehenden Treppe sowie ihr Pendant, ein Schrank im Wohnbereich. Beide Stücke wirken durch den Verzicht auf Beschläge und ihre geschickt versteckten Schubladen monolithisch – fast wie skulpturale Objekte – und sind erst auf den zweiten Blick als Möbel zu erkennen. Auch die

Designer-Barhocker am als Esstisch genutzten Teil der Arbeitsplatte mit ihren Sitzschalen aus organisch gemasertem, hellem Zebrano-Holz setzen sich wirkungsvoll, aber nicht unharmonisch vom loftartigen Umfeld ab. Ihre Edelstahlfüße korrespondieren mit den Aluminiumröhrenlampen und den kleinen Wand- und Deckenstrahlern aus gebürsteten Edelstahlwürfeln.

Viel Platz auf wenig Raum

Der bewusste Verzicht auf eine Unterkellerung verlangte eine besonders umsichtige Raumplanung in den Wohngeschossen. Nicht nur der ökono-mische Umgang mit den Verkehrswegen, sondern vor allem die intelligenten Stauraumlösungen schaffen viel Platz auf vergleichsweise wenig Raum.

In enger Zusammenarbeit mit einem für ungewohnte Lösungen offenen Schreinermeister hat der Architekt vor allem im Bereich der Dachschrägen eine maximale Raumausnutzung erreicht. Maßgefertigte Einbauschränke ohne Beschläge, die durch eine sogenannte Push-Open-Mechanik mit Magnetverschluss geöffnet werden können, sind fast unsichtbar in die Räume eingepasst, lange Sideboards nutzen den Bereich des Kniestocks als Stauraum. Bäder, Ankleiden und Schränke in Elternschlafzimmer und Kinderzimmer im Obergeschoss sind harmonisch und ohne Flächenverlust in die Räume integriert. Im Reich des sie-

benjährigen Sohnes beherbergt ein zentral platzierter, leuchtend gelber Würfel Toilette, Dusche und Waschbecken, auf ihm befindet sich ein Hochbett. Bei den Eltern trennt eine azurblaue Wand Bad und Umkleide vom Schlafbereich. Auch hier wurde auf eine raumgreifende Badewanne verzichtet. Stattdessen trennt eine schlichte Glaswand den Duschbereich von den restlichen 4,9 m² Bad, das direkt in den Schlafbereich übergeht. Ein sattes Grasgrün kontrastiert spannungsreich mit dem Blau der Schlafzimmerwand, das sich seinerseits in den Handtüchern wiederfindet.

In sämtlichen Bädern, auch in der Gästetoilette im Erdgeschoss, wurde auf Fliesen verzichtet. Stattdessen haben die Bauherren eine beschichtete, wasserabweisende Spezialbeschichtung ge

wählt. Die glatten, glänzenden Oberflächen ohne störende Fugen lassen die Wandfarben intensiv zur Geltung kommen.

ALLE RÄUME WIRKEN GRÖSSER ALS SIE SIND

Beide Zimmer des Obergeschosses sind giebelhoch offen und erreichen so eine Höhe von bis zu 5 m. Dies sowie die geschickte Raumaufteilung lässt sie größer wirken als sie sind (31 m² das Kinderzimmer, 25 m² das Elternschlafzimmer mit Bad und WC). Schmale Doppelkehlbalken aus heller Fichte strukturieren den Luftraum und tragen das Hochbett im Kinderzimmer. Der eher kleine Eingangsbereich im Erdgeschoss erhält durch den

OBEN: DIE BLAUE WAND TRENNT DEN SCHLAFBEREICH
DER ELTERN VON BAD UND ANKLEIDE; DIREKT DAHINTER:
DIE DUSCHE IN LEUCHTENDEM GRÜN

UNTEN: OPTIMALE RAUMNUTZUNG DURCH EXAKT EINGEPASSTE
EINBAUSCHRÄNKE

EINFACH UND PRAKTISCH: DIE SEIFENABLAGE IN DER DUSCHE

DAS HOCHBETT IM KINDERZIMMER SPART PLATZ.
DIREKT DARUNTER: DER GELBE BADKUBUS MIT DUSCHE,
DER DAS GERÄUMIGE KINDERZIMMER STRUKTURIERT

radikalen Verzicht auf Garderobenhaken, Ablageflächen, Schirmständer und ähnliche optische »Unruhestifter« eine reduzierte Einheitlichkeit, die auch ihn geräumiger wirken lässt. Ein großer Einbauschrank schafft unauffällig Platz für Mäntel, Schirme und dergleichen. Eine grasgrüne Schichtstofftruhe mit Sichtbetondeckel bietet Stauraum, fungiert als praktische Sitzgelegenheit zum An- und Ausziehen der Schuhe und greift in Material, Machart und Farbe unaufdringlich verschiedene Stilelemente aus anderen Bereichen des Hauses auf. Bei so viel Augenmerk auf einheitliche Raumwirkung sind störende Heizkörper undenkbar. Daher wurde im ganzen Haus eine Bodenheizung verlegt.

Mut zur Leere

»Wir sind wirklich genauso wie unser Haus«, sagen die Bauherren. »Wir sind keine Sammler, alles Nötige hat seinen Platz. Für uns schafft diese konsequente Reduziertheit eine angenehm wohltuende Ruhe.« Gemütliche Spitzendeckchenästhetik liegt ihnen fern. In ihrem Architekten haben sie einen kongenialen Gestalter gefunden, der ebenso viel Wert auf disziplinierte Schlichtheit, edle Materialien und hochwertiges Design legt wie sie. Beide Parteien waren sich von Anfang an einig: Anspruchsvolle Architektur hat weder etwas mit großer Quadratmeterzahl noch mit hohen Preisen zu tun. Auch in einem durchschnittlich großen Einfamilienhaus können außergewöhnliche Raumwirkungen entstehen, hochwertige gestalterische Elemente müssen nicht immer teuer sein und oftmals erzielt man die eindringlichsten Effekte mit den geringsten Mitteln – hier etwa mit dem sehr präsenten Sichtbeton, der kostengünstiger ist als Putz.

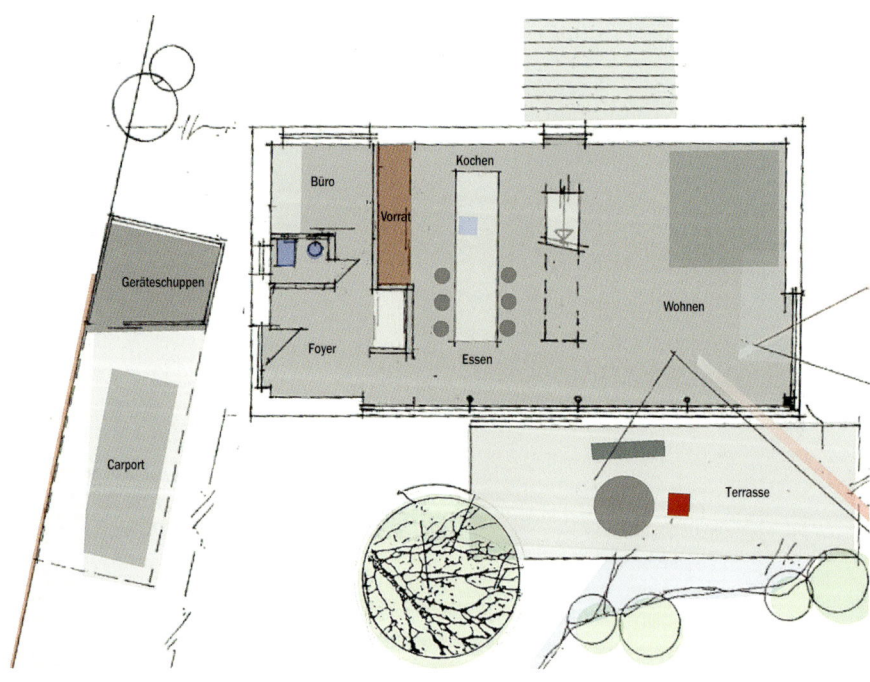

SCHLICHT, EINFACH, GROSSZÜGIG:
DAS WOHNZIMMER (FILMAUSSCHNITT)

Ein paar Extras haben sich die Bauherren aber doch geleistet und dafür auch etwas tiefer in die Tasche gegriffen: Bodenstrahler entlang der raumhohen Glasfronten, verschiedene Designer-möbel und -lampen, edle Armaturen und nicht zuletzt ein hochwertiges, unsichtbar in die Decke eingelassenes Audio- und Videosystem mit verdeckten Lautsprechern und einer ausfahrbaren Leinwand. Doch sind diese zusätzlichen Elemente nicht ausschlaggebend für die Gesamtästhetik des Hauses.

Dieses Projekt zeigt: Anspruchsvolle Architektur muss nicht mehr kosten und ist auch im Rahmen eines ganz normalen Bebauungsplans in einem ganz normalen Neubaugebiet möglich.

BAUDATEN

Standort	Seukendorf/ Landkreis Fürth
Grundstücksfläche	477 m²
Wohnfläche	132 m²
Nutzfläche	24 m²
Umbauter Raum (BRI)	586 m³
Bauweise	Massiv (Mauerwerksbau)
Energiekonzept	Gas-Brennwerttechnik
Baukosten	ca. 1000 €/m²
Gesamtkosten	keine Angaben

ARCHITEKTEN

Hans Kneidl, Architekt
Rummelstraße 5
92637 Weiden
Tel: 0961 633 401
Fax: 0961 633 403
www.hanskneidl.de

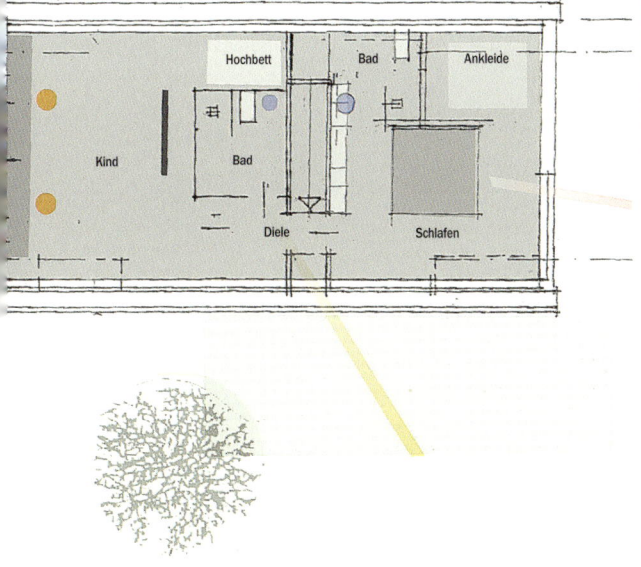

Hochbett Bad Ankleide

Kind Bad

Diele Schlafen

Austragshäusl – so nannte man in Bayern früher ein kleines Häuschen neben dem Hauptgebäude, in dem die alten Bauern nach Übergabe des Hofs an die Erben ihren Lebensabend verbrachten. An diese Tradition lehnt sich das Haus mit Wintergarten in Frauenau im Bayerischen Wald an. Dem Bauherrn und seiner Mutter wurde das Haupthaus an der Straßenseite des Grundstücks zu groß und aufgrund der hohen Heizkosten zu belastend. Warum nicht ein kleineres Haus im Garten bauen und das alte vermieten? Der Sohn, ein Lehrer, der im etwa 150 km entfernten

Doch die waren von den hohen Ansprüchen und zahlreichen Sonderwünschen nicht zu beeindrucken – schließlich, so meinen sie, sollte jedes Haus ein Traumhaus sein, individuell zugeschnitten auf die ganz besonderen Bedürfnisse der Bauherren – und seien diese noch so anspruchsvoll.

So sollte sich das Austragshäusl harmonisch in das historisch gewachsene Ortsbild einfügen und zugleich die Anmutung eines zurückgezogenen Gartenhauses haben. Es sollte modern und zeitgemäß sein ohne modisch zu wirken, auf die Bedürfnisse des Alters Rücksicht nehmen, eine inspirierende Atmosphäre schaffen, Energie und Kosten sparen, geschlossen, geschützt und gleichzeitig hell und offen sein, auf die Glasmachertradition des Ortes Bezug nehmen, mit der umgebenden Natur korrespondieren, hochwertig, gestalterisch anspruchsvoll und trotzdem preiswert sein.

STILLES KÄMMERLEIN UND LICHTHALLE

Der Wunsch nach viel Licht und Offenheit sowie die entlang der Nordseite des Grundstücks verlaufende Hauptstraße legten eine Öffnung des Gebäudekorpus zur Sonnen- und Gartenseite sowie eine weitgehende Schließung zur Straße hin nahe. Auch die Raumaufteilung im Innern folgt diesem Schema. Im rückwärtigen Gebäudeteil sind auf zwei Stockwerken Küche, Schlafzimmer, Bäder sowie das Arbeitszimmer des Bauherrn untergebracht. Jeder hat seine eigene Etage, die Mutter bewohnt die leichter zugänglichen, barrierefreien Räume im Erdgeschoss, der Sohn hat sich im ersten Stock eingerichtet. Der gemeinsam genutzte Hauptraum zieht sich fast über die gesamte Südseite. Auf der Straßenseite liegen ein multifunktionaler lichter, dreiseitig geschlossener Ein-

Burghausen arbeitet und dort unter der Woche auch wohnt, wünschte sich ein Wochenenddomizil im Grünen, das Raum für seine Tätigkeit als freier Autor hat, um dieses Standbein weiter auszubauen. So entstand die Idee, ein Haus zu bauen, das die Bedürfnisse sowohl der Mutter als auch des Sohnes erfüllt, sozusagen eine architektonische Wollmilchsau: Austragshäusl, Mehrgenerationenhaus, Wochenendrefugium und Kreativwerkstatt in einem.

JEDES HAUS SOLLTE EIN TRAUMHAUS SEIN

Mit großen Erwartungen und dem Willen zum kleinem Budget traten die Bauherren an die Architekten Doris Heym und Jakob Oberpriller heran.

gangsbereich, der auch als Autostellplatz nutzbar ist, ein Technikraum und ein Abstellraum.

Charakteristisch für das Haus ist der kontrastreiche Zuschnitt der Räume. Den außergewöhnlich kleinen Stuben der individuellen Bereiche – gerade einmal 13,5 m² misst der Wohn- und Schlafraum der Mutter des Bauherrn – steht der fast 70 m² große Hauptraum gegenüber, der mit einer maximalen Höhe von 5 m eher einem Gewächshaus denn einem konventionellen Wintergarten gleicht. Eine Glasfront sorgt nicht nur für ausreichend Licht und einen uneingeschränkten Blick in den idyllischen Obstgarten, sondern sammelt im Winter Sonnenwärme für den unbeheizten Raum. Das mit 15 Grad Neigung zum Garten hin abfallende Pultdach konterkariert die markante Öffnung nach Süden sowie die räumliche Dominanz des Wintergartens und schafft eine Gebäudehöhe von knapp 7,20 m an der höchsten Stelle der Nordseite. Die hier liegenden Nutz- und Wohnräume öffnen sich über große Glastüren und -fenster zum Hauptraum. Diese sorgen so nicht nur für größere Offenheit und Durchlässigkeit, sondern auch für zusätzliches Licht von der Südseite und dienen im geöffneten Zustand der Wärmeabgabe in die hinteren Räume.

LEBEN AUF DER SONNENSEITE

Als Niedrigstenergiesparhaus konzipiert, generiert das umweltfreundliche Traumhaus nicht nur passive Solarenergie durch die verglaste Südfassade, sondern nutzt die Sonne auch über große Kollektorenflächen, die in einem genau berechneten Winkel so angebracht sind, dass der an diesem Standort maximal mögliche Energieertrag gewährleistet ist. 80 % des Gesamtenergiebedarfs soll die Sonne liefern, der Rest wird durch einen

Stückgutholzkessel erzeugt. 1,4 Ster Holz pro Jahr: mehr soll nicht zugeheizt werden – ein vergleichbares konventionelles Haus nach geltender Energieeinsparverordnung braucht mindestens 10 Ster Holz pro Jahr. Im Sommer, wenn das Haus keine Heizung benötigt und die Sonne hoch steht, dienen die Sonnenkollektoren, die auf einer Leiste vor der Südfassade angebracht sind, als Verschattung für den Wintergarten. Dafür kann auf eine Jalousie oder Schiebeläden, die bei der zu verschattenden Gesamtfläche recht kostspielig

wären, verzichtet werden. Das ganze Haus steht auf einer 20 cm dicken Betonbodenplatte, die im Hauptraum die Wärme der Südsonne speichert und in den hinteren Räumen von unten durch Betonkerntemperierung beheizt wird. Alle Fenster (außer der großen Glasfront) sind aus Wärmeschutzgründen dreifach verglast. Dies ist bei den zur Straße gelegenen Öffnungen doppelt praktisch, da sie auch eine hohe Schalldämmung bieten.

EINE AUSSERGEWÖHNLICHE FASSADENOPTIK ENTSTEHT DURCH DIE KUNSTSTOFFVERKLEIDUNG. DIE WELLPLASTIKBAHNEN SIND AUF EIN HOLZGERÜST MONTIERT.

KARIBIK-FEELING IM BAYERISCHEN WALD

Eine großzügige, sonnendurchflutete Wohlfühloase zum Ausruhen und Entspannen, deren Glasfront mit großen Schiebetüren einen fließenden Übergang zu Terrasse und Garten schafft, Palmen und exotische Blüten, ein warmer Holzton an den Wänden; Karibik im Bayerischen Wald, 365 Tage im Jahr Urlaubsidylle im eigenen Heim. Später soll noch ein kleiner Teich vor der Terrasse die Erholungslandschaft komplettieren. Kein Wunder also, dass die Mutter des Bauherren sagt, das Haus sei ihr Traumhaus, weil sie sich darin wie im Urlaub fühlt. Und ihr Sohn ergänzt:

» *Es ist mein Traumhaus, weil hier drin der Sommer das ganze Jahr dauert und keine Energiekosten das unbeschwerte Wohngefühl und die Wohnqualität trüben können.*

KEIN QUADRATMETER BLEIBT UNGENUTZT

Um dem Wintergarten so viel Raum zu lassen wie möglich, wurde auch bei der Erschließung streng ökonomisch geplant. Es gibt kein Treppenhaus, der Zugang zum Obergeschoss erfolgt über eine freistehende Wendeltreppe. Auch die Flure sind auf ein Minimum reduziert. Im Wohnbereich des Bauherrn sind es nur 6 m², die zugleich als Schrankraum genutzt werden. Die Mutter des Bauherrn kann aus ihrem Wohn- und Schlafraum und auch aus der Wohnküche direkt in den Wintergarten treten. Nichttragende Innenwände sind durch Einbauschränke ersetzt.

Ein Haus als Glaskunstwerk

Frauenau hat eine lange Glasmachertradition, die bis ins 15. Jahrhundert zurückreicht. Ein Glasmuseum gibt Zeugnis davon und auch heute noch werden veredelte Gebrauchsglasobjekte im Ort hergestellt. Da lag es nahe, auch bei der Konzeption des Traumhauses auf diese Tradition einzugehen – und nicht nur mit der großen Glasfassade. Durch eine transluzente, hinterlüftete Außenhaut aus Wellplastik erhält der gesamte Gebäudekorpus eine kristalline, scheinbar transparente Anmutung. Aus Kostengründen konnte kein echtes Glas verwendet werden, doch auch das Ersatzmaterial aus Kunststoff erzielt den gewünschten Effekt und neben dem ästhetischen Mehrwert liefert es gleichzeitig einen leichten zusätzlichen Dämmschutz. Sämtliche Fenster sind mit Schiebeelementen aus demselben Material ausgestattet, die geöffnet hinter der Fassade verschwinden, sich aber bündig schließen lassen. So entsteht bei geschlossenen Läden nicht nur eine einheitliche Fassade – der semitransparente Kunststoff bietet zugleich einen praktischen Sichtschutz und holt

den Milchglaseffekt auch ins Innere der Räume. Der vielversprechende Plan, die gesamte Außenhaut zu hinterleuchten, wurde aus verschiedenen Gründen nicht ausgeführt. Zum einen hätte es die Gesamtkosten erhöht, zu anderen wäre der beleuchtete Gebäudekorpus im dörflichen Umfeld zu sehr aufgefallen. Immerhin: An einigen zentralen Stellen wurden Neonröhren angebracht, die das Haus bei Dunkelheit dezent leuchten lassen.

Ländliche Einfachheit und moderne Reduktion

Ebenfalls aus Kostengründen, aber auch, weil der Bauherr das Schlichte, Zurückgenommene schätzt, wurde beim Innenausbau auf alles Glatte und Stilisierte verzichtet. Die Wände im Hauptraum und in fast allen Nebenräumen sind aus gewachsten Pressspanplatten (OSB-Platten), als Fußboden dient im Erdgeschoss die Betonbodenplatte, die lediglich beschichtet wurde, im Obergeschoss bestehen die meisten Wände und die Böden aus OSB-Platten; lasierte Holzwolleleichtbauplatten fungieren im Wintergarten als akustisch wirksame Deckenverkleidung. Die einfache, fast rohe Anmutung der Räume entspricht dem Wunsch der Bauherren nach regionaltypischer Ausgestaltung: Praktisch und schlicht, unaufgeregt und bodenständig. Doch trotz der betonten Unaufdringlichkeit schaffen schon allein die extremen Kubaturunterschiede ganz eigene Raumwirkungen, und die unverputzten Grobspanplatten mit ihrer markanten Struktur wirken in diesem ungewöhnlichen Kontext fast wie eine Täfelung aus exotischem Edelholz.

Intergalaktische Milchglasoptik und bodenständige Tradition

Auch die Bäder muten schlicht und außergewöhnlich zugleich an. Auf keinen Fall wollte der Bauherr konventionelle Fliesen. Er hatte sich einheitliche Flächen, möglichst ohne Fugen, gewünscht. Die Architekten schlugen sogenannte flexible Keramik vor, eine Marktneuheit: wasser- und schmutzabweisende Tapeten mit glatter Steinoberfläche. Sie ermöglichen den einheitlichen, reduzierten Look, der den nicht besonders großen Bädern eine spezielle Note verleiht. Auch hier trifft man auf die allgegenwärtigen Pressspanplatten, die zusammen mit den hellgrauen Keramiktapeten und weißem Acrylglas ein ungewöhnliches Material-Trio bilden. Die geriffelten, semiopaken Stegplatten führen das Fassadenthema der Transparenz im Inneren fort und erinnern auch in der Form an die Außenhaut aus Wellplastik. Auf Türformat zugeschnitten, verbinden sie die Räume im hinteren Bereich des Hauses miteinander und dienen gleichzeitig – stellenweise hinterleuchtet – als Deckenverkleidung. Auch die Schiebetüren des beleuchteten Einbauschranks in der Diele des Bauherrn sowie die Trennscheibe zwischen Diele und Bad sind aus lichtdurchlässigem Acrylglas gefertigt. Sind alle Türen geschlossen und alle verfügbaren Leuchten angeschaltet, wähnt man sich in dem kleinen Stau- und Erschließungsraum fast wie in einem Raumschiff.

WENN DAS TRAUMHAUS ALLE TRÄUME ÜBERTRIFFT

Doch zurück zum Thema Bodenständigkeit. Die Verwurzelung der Bauherren mit ihrem Heimatort und seiner Glasmachertradition wird nicht nur durch die transluziden Baumaterialien spürbar. Im ganzen Haus sind Glaskunstobjekte aus der Region präsent – viele von ihnen vom inzwischen verstorbenen Vater der Familie selbst entworfen, so etwa diverse Vasen sowie die Pop-Art-Milchglaslampen in der Küche. Einen Ehrenplatz im »Wintergarten« hat die Sammlung regionaltypischer Schnupftabakgläser, Bixl genannt – natürlich in einer Glasvitrine.

Viele außergewöhnliche Details in Material und Form machen das eigentlich recht einfache Haus zu einem bemerkenswerten Unikat. Das sieht auch der Bauherr so:

» *Der Wirklichkeit gewordene Traum hat noch viel mehr Qualitäten als die geplanten, und das Ganze ist mehr als die Summe der einzelnen Ideen.*

Wenn die gebaute Realität sogar alle Träume übertrifft, muss das Glück der Bauherren perfekt sein.

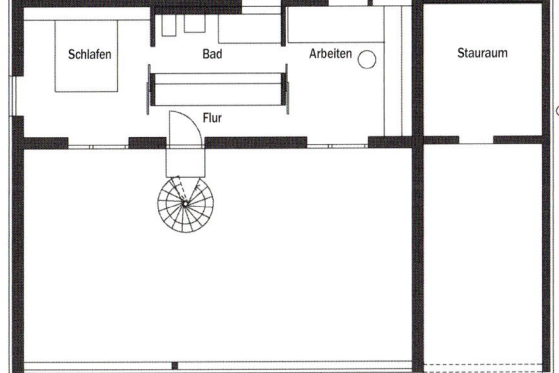

Schlafen — Bad — Arbeiten — Stauraum

Flur

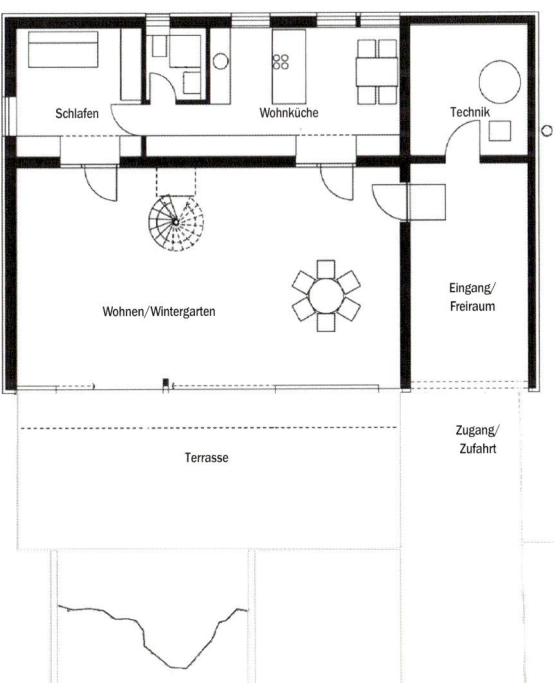

Schlafen — Wohnküche — Technik

Wohnen/Wintergarten — Eingang/Freiraum

Terrasse — Zugang/Zufahrt

BAUDATEN

Standort	Frauenau/ Landkreis Regen
Grundstücksfläche	1260 m² (weitere Gebäude auf dem Grundstück)
Wohnfläche	147 m² (einschließlich Büro)
Nutzfläche	47 m²
Umbauter Raum (BRI)	935 m³
Bauweise	Holzrahmenbauweise
Energiekonzept	Heizung durch aktive und passive Solarenergienutzung, bei Bedarf unterstützt durch Holzheizkessel
Baukosten	940,60 €/m²
Gesamtkosten	182 000 €
Besonderheiten	Mehrgenerationenhaus mit Büro, Niedrigstenergiehaus

ARCHITEKTEN

oberprillerarchitekten
Jakob Oberpriller, Doris Heym
Am Schöllgraben 18
84187 Hörmannsdorf
Tel: 08702 91480
Fax: 08702 91339
www.oberprillerarchitekten.de

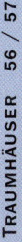

5 EIN INTELLIGENTES HAUS

DURCHDACHT, EINFALLSREICH UND UMSICHTIG GEPLANT – das intelligente Haus steht am Rand des kleinen Örtchens Gersdorf bei Lauf an der Pegnitz. Der auf den ersten Blick ganz einfache Baukörper überzeugt durch klug abgestimmte Formgebung und präzise geplante gestalterische Details.

Doch intelligent ist das Haus auch, weil es denken kann. Allerdings haben die Architekten, Gudrun und Johannes Berschneider aus Neumarkt in der Oberpfalz, hier keinen Golem aus Stein geschaffen. Der Bauherr selbst hat dafür gesorgt, dass er mit seinem Haus kommunizieren kann.

Der Wirtschaftsinformatiker, der beruflich mit Steuerungssystemen zu tun hat, hat große Teile der komplexen Haustechnik selbst geplant und sichergestellt, dass sämtliche Funktionen programmierbar und fernsteuerbar sind.

DAS SPIEL MIT LINIEN UND RECHTEN WINKELN

Doch zunächst zurück zur Architektur. Die Formensprache des Hauses ist bestimmt durch verschiedene, subtil zueinander Bezug nehmende Volumen. Auf der Nordseite des langen, schmalen zweigeschossigen Rumpfs, der auf einer Ost-West-Achse verläuft, liegt von der Straße zurückversetzt die Doppelgarage. Dazwischen befindet sich ein eingeschossiger Verbindungstrakt, der ei-

nen Heizungs- sowie einen Hauswirtschaftsraum beherbergt. Dieser wiederum springt von der Garagenfront um 1,25 m zurück, so dass zwischen Haupthaus und Garage ein geschützter Außenraum entsteht. Das Dach der Garage reicht bis zum Haus, was zum einen eine praktische Überdachung des kleinen Außenraums zur Folge hat, zum anderen die beiden Zusatz-Baukörper als Einheit erscheinen lässt. Von der Straße aus gesehen bilden sie zusammen mit dem Haupthaus ein liegendes L. Im geschützten Raum zwischen den beiden Schenkeln ist der Eingangsbereich untergebracht. Gleichzeitig formt das leicht auskragende Garagendach zusammen mit der ebenfalls etwas vorstehenden Nordwand der Garage ein weiteres, diesmal um 60 Grad gedrehtes L. Diese Wirkung

wird durch den Hell-Dunkel-Kontrast der Materialien (weißer Putz und dunkle Faserzementtafeln) verstärkt.

Und so geht es weiter: Auf der Südostseite wird das Erdgeschoss durch einen Flachbau erweitert, dadurch sieht die Ostfassade ebenfalls aus wie ein L. Diese Erweiterung des Gebäudekorpus nach Süden wiederum kragt über der Terrasse aus, so dass hier wieder zwei unterschiedlich lange Körper im rechten Winkel zueinander stehen. Das raumhohe Eckfenster des Wohnzimmers verlängert die Auskragung optisch. Diese Konstruktion ist nicht nur optisch reizvoll, sondern vor allem baulich intelligent, denn im Winkel des L entsteht – wie im Eingang – ein geschützter, überdachter Außenraum, während das Dach des Flachbaus die große Terrasse im ersten Stock bildet. Auch hier wird die Formensprache durch Hell-Dunkel-Kontraste verstärkt: Neben der großen Fensteröffnung definieren anthrazitfarbene Faserzement-

tafeln den Außenbereich im Obergeschoss. Ohne
sie käme die weiß verputzte Erweiterung vor der
weißen Hauswand nicht ausreichend zur Geltung.
Und auch die Ostfassade nimmt das Spiel mit
dem L auf: Im Erdgeschoss erstreckt sich ein 7 m
langes Fensterband fast über die gesamte Breite
des Hauses und verbindet den Flachbau mit dem
zentralen Gebäudekörper.

TRILOGIE IN WEISS, BRAUN UND GRAU

» *Am besten gefällt mir an unserem Traumhaus
die absolute Harmonie aller Elemente.
Farben, Formen, Materialien – alles ist konsequent einheitlich gestaltet«*, findet die Bauherrin.
Und in der Tat: Sämtliche Wände und Decken sind
weiß verputzt, die zahlreichen Einbauschränke
ebenfalls weiß lackiert. Fensterrahmen, Treppen-

stufen und Möbel bestehen aus dunklem Eichenholz, alle Böden aus dunkelgrauem gespacheltem Zement, Treppe und Geländer der Dachterrasse aus lackiertem Stahlblech, ebenfalls in Dunkelgrau – genauer gesagt im Farbton DB 703, wie die Bauherrin genau weiß, ein klassischer Farbanstrich für Stahlelemente im Bereich der Deutschen Bahn. Das ganze Haus besteht aus wenigen, genau aufeinander abgestimmten Materialien und auch im Innenbereich bestimmen klare Formen die Ästhetik. Jedes Detail passt. Man sieht es der sorgfältigen Gestaltung an, dass die Berschneiders sowohl Architekten als auch Innenarchitekten sind.

Wie bei den meisten Traumhäusern sind auch in diesem Haus Koch-, Ess- und Wohnbereich in einem großen Raum untergebracht (62,5 m²). Hier ist er jedoch ganz klar zoniert. Von Hauseingang und Flur aus betritt man zunächst den Essbereich, der sich mit einer Glasfront nach Süden zur Terrasse öffnet. Hier ist auch die Erschließung des Obergeschosses in Form einer offenen einläufigen Treppe untergebracht, die den Blick in die auf der Nordostseite des Raumes gelegenen Küche frei gibt. Im sich nach Südosten erstreckenden Flachbau ist ein gemütliches kleines Wohnzimmer entstanden, das zum Hauptraum hin offen ist. Nur ein Raumteiler, in dem der auf drei Seiten offene Kamin untergebracht ist, trennt das Wohnzimmer vom Küchenbereich. Die Offenheit und Durchlässigkeit dieses zentralen Raums wird nicht nur durch die verschiedenen Öffnungen bewirkt – ein breites Fensterband nach Osten, eine Glasfront nach Süden und ein raumhohes Eckfenster unter der Auskragung –, auch die offene Treppe und die Tatsache, dass die tiefe Laibung des nach außen bündig platzierten Fensterbands hinter dem Raumteiler für eine direkte Verbindung zwischen Küche und Wohnzimmer sorgt, schaffen ein Gefühl von Weite und Großzügigkeit. Zudem profitiert der Raum von dem auf der Nordseite des Satteldachs im giebelhohen Treppenhaus eingeschnittenen Oberlicht, das ihn zusätzlich mit Helligkeit versorgt.

Treppe vom Essbereich ins Obergeschoss

Das Kunstwerk an der Wand haben Bauherrin und
Architekt aus Erde von der Baustelle gefertigt.

Unten: Das grosse Skylight im Hausflur und das Fensterband der Ankleide

Sinfonie der Lichtbänder

Erschließung, Flur, Treppenhaus – diese nüchternen Begriffe werden dem Raum im Obergeschoss
nicht wirklich gerecht. Auch hier haben die Architekten wieder schlüssig komponiert, sämtliche
Elemente sorgfältig zueinander in Bezug gesetzt
und so die üblichen Nachteile eines Treppenhau-
ses (wenig Fläche, schlauchartige Verkehrswege)
in Vorteile verwandelt. Die wichtigsten Zutaten:
Fensterbänder und Licht. Das große »Skylight«
(5 × 1,20 m) öffnet den Raum zum Himmel hin und
sorgt für den stärksten Lichteinfall. Das parallel
dazu entlang der Nordwand verlaufende Fensterband aus Milchglas (5,10 × 0,70 m) spendet sanftes,
diffuses Licht und lässt weder störende Ein- noch
Ausblicke zu.

Der Nähe zur Nachbarbebauung an der Nordseite haben die Architekten dadurch Rechnung
getragen, dass sämtliche Öffnungen zu dieser Seite mit opakem Weißglas ausgestattet sind. Das
dritte Fensterband, das ebenfalls parallel zu den
anderen verläuft, holt Tageslicht in den geräumigen begehbaren Schrank (3,65 × 0,70 m) im Zentrum des Hauses. Der Verlauf der drei Bänder
wird durch andere starke horizontale Linien auf-
genommen: Der Treppeneinschnitt, die Treppen-
brüstung, der schmale Gang zum Fitnessraum
auf der Nordwestseite des Gebäudes, und schließlich der unterhalb des Milchglasbands platzierte
niedrige Einbauschrank. Um das Ganze abzu-
runden, ist letzterer ist mit einem Band indirek-
ten Lichts hinterleuchtet. Dass dieses Ensemble
weniger als rein funktionale Erschließung denn
als zusätzlicher Raum konzipiert ist, betont die
lange, schmale Sitzbank, die die Ost-West-Achse
des Schranks erweitert und zum Verweilen ein-
lädt.

ZÄHNEPUTZEN MIT AUSSICHT

Ähnliches gilt für das Bad. Von einer rein funktionalen Nasszelle weit entfernt, ist es ebenfalls eher ein zusätzlicher Wohlfühlraum. Und auch hier betont eine Sitzbank den wohnlichen Charakter. Es sind jedoch vor allem die großzügigen Öffnungen sowie deren Reflektion im Badezimmerspiegel, die die Qualität des Raums ausmachen. Sowohl beim Baden als auch beim Zähneputzen haben die Bauherren einen einzigartigen Blick in den Frän-

kischen Jura. Selbst von der kleinen Sauna aus, die durch eine Glastür mit dem Bad verbunden ist, sieht man kilometerweit in die Landschaft.

DIE INTELLIGENZ DES HAUSES

Ein unangemeldeter Besucher klingelt an der Haustür. Der Bauherr hört das Klingeln und antwortet über die Sprechanlage. Er kann den Besucher sehen und mit ihm sprechen – vom Liegestuhl am Strand aus, Tausende Kilometer weit weg

von seinem Traumhaus, denn die gesamte Haustechnik, inklusive der Kamera im Eingangsbereich, ist über seinen mobilen Rechner steuerbar. Ob vom Urlaub, vom Büro aus oder direkt über die im ganzen Gebäude verteilten Bedienungsflächen, sogenannten Panels, können die Hausherren sämtliche Funktionen völlig flexibel regeln: Temperatur, Licht, Verschattung. Ganze Szenarien können so geschaltet werden, etwa ein Programm zur Anwesenheitssimulation, bei dem verschiedene Lichter oder Verschattungen in unterschiedlichen Räumen zu verschiedenen Zeiten aktiviert werden und potentiellen Einbrechern die Anwesenheit der Bewohner vorgetäuscht wird. »Ich bin weder Technik-Junkie noch Kontrollfreak«, betont der Bauherr,

» *aber warum sollte man sein Haus nicht auf dem neuesten technischen Standard ausstatten, wenn das möglich ist?*

Der neueste technische Standard kommt auch beim Energiekonzept zum Tragen. Das Haus wird ausschließlich mit regenerativer Energie beheizt. In den drei Erdsonden mit je 80 m Tiefe befinden sich Solelösungen, die mittels Wärmepumpe die Erdwärme nutzbar machen und über Wärmetauscher an die Fußbodenheizung und Brauchwassererwärmung ins Haus abgeben. Drei Sonden holen mit Hilfe einer Pumpe erwärmtes Wasser aus 80 m Tiefe ins Haus. An besonders kalten Tagen spendet der Kamin zusätzliche Wärme. Zusammen mit den bauphysikalischen Eigenschaften der monolithischen Gebäudehülle aus Porenbetonsteinen ist es gelungen, die monatlichen Energiekosten unter 50 € zu halten.

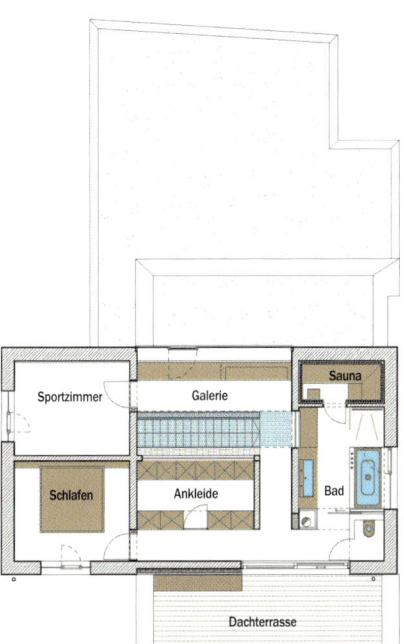

Sportzimmer Galerie Sauna

Schlafen Ankleide Bad

Dachterrasse

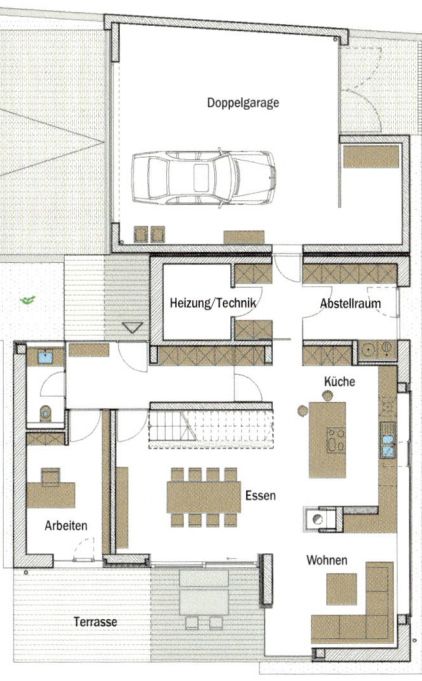

Doppelgarage

Heizung/Technik Abstellraum

Küche

Essen

Arbeiten

Wohnen

Terrasse

ARCHITEKT JOHANNES BERSCHNEIDER MIT DEN
BAUHERREN

BAUDATEN

Standort	Gersdorf bei Lauf a. d. Pegnitz
Grundstücksfläche	820 m^2
Wohnfläche	187 m^2
Nutzfläche	61 m^2
Umbauter Raum (BRI)	1100 m^3
Bauweise	Massiv (Mauerwerksbau aus Porenbeton)
Energiekonzept	Fußbodenheizung und Brauchwassererwärmung durch 3 Erdsonden mit je 80 m Tiefe, die mittels Wärmetauscher der Erde die Wärme entziehen
Baukosten	1200 €/m^2
Gesamtkosten	300 000 €
Besonderheit	Massivdach aus Porenbeton

ARCHITEKTEN

BERSCHNEIDER + BERSCHNEIDER
ARCHITEKTEN BDA + INNENARCHITEKTEN
Hauptstraße 12
92367 Pilsach
Tel: 09181 4774-0
Fax: 09181 41400
mail@berschneider.com
www.berschneider.com

DER BAUHERR FÜHLT SICH IN SEINEM TRAUMHAUS im wahrsten Sinn des Wortes wie im Himmel: »Das Wichtigste war für mich von Anfang an der schwebende Charakter, das Gefühl von Schwerelosigkeit, als würde man durch die Luft fliegen, man befindet sich buchstäblich über allen Dingen.« In der Tat wirkt das Obergeschoss des Gebäudes, das nach allen Seiten über den Sockel des Untergeschosses auskragt, trotz seiner nicht unerheblichen Masse leicht und abgehoben.

DEUTLICH SETZT SICH DER FLACHDACHRIEGEL VON DER
UMGEBUNGSBEBAUUNG AB.

AUF DER OSTSEITE KRAGT DAS OBERE GESCHOSS WEIT ÜBER
DEN SOCKEL AUS.

UNTEN: DER EXTREM LANGGESTRECKTE BAUKÖRPER GIBT
SICH ZUR STRASSENSEITE, NACH NORDEN, VERSCHLOSSEN.

AUF AUGENHÖHE MIT DEM SCHLOSS

Bei einem Bauplatz am steilen Südhang mit schönem Ausblick ist es ratsam, das Haus zum Licht
und zur Vista hin zu öffnen und es auf der Nordseite aus energetischen und ästhetischen Gründen
weitgehend zu schließen. Wenn entlang der Nordseite auch noch die Straße verläuft, sind die Basisparameter des Gebäudeentwurfs fast zwingend
vorgegeben. Und so hat auch Architekt Christian
Kirchberger aus Regensburg das Haus am Hang in

Wörth an der Donau nach diesen Prinzipien ausgerichtet. Und zwar mit aller Konsequenz: Der
»Riegel mit Weitblick« fällt auf durch das ungewöhnliche Verhältnis zwischen Länge und Tiefe.
Auf einer Breite von fast 30 m thront der nur rund
7 m tiefe Baukörper hoch über dem Donautal, öffnet sich über die gesamte Gebäudefront mit einer
Glasfassade nach Süden und gibt sich nach Norden mit schmalen Fensterbändern aus Milchglas
eher verschlossen. So kann die fantastische Aussicht in die Flussebene und auf das Wörther

Schloss auf dem gegenüberliegenden Hügel von allen Räumen aus uneingeschränkt genossen werden. Das Untergeschoss mit Sauna und Fitnessraum, zwei kleinen Arbeitszimmern und einem Musikraum ist etwas kleiner ausgefallen. Auf ihm ruht der lange Riegel, der geländebedingt nach Norden fast ebenerdig aufschließt und – Stichwort Schwebeeffekt – trotzdem nur durch einen Steg zugänglich ist, denn zwischen Straße und Haus bleibt ein fast 2 m tiefer und 1,50 m breiter Graben, der es gleichzeitig möglich macht, auch auf der Nordseite des Untergeschosses kleine Fensterbänder zu platzieren.

WOLKENKUCKUCKSHEIM DER EXTRAKLASSE

Logischerweise ist die Erschließung des Wörther Riegels weitgehend entlang der Nordseite angeordnet. Sowohl der Eingang als auch sämtliche Flurbereiche liegen hier. Nur das Treppenhaus verläuft auf der Nord-Süd-Achse und steht dank der raumhohen Südfensterfronten in puncto Ausblick den anderen Räumen in nichts nach. Der Architekt hat das Haus so nah wie möglich an die

nördliche Straßenseite platziert, um ihm nach Süden hin viel Raum zu geben. Bei einem Gefälle von 30 % (was einem Höhenunterschied von fast 10 m gleichkommt) bietet das Grundstück trotz erheblicher Geländemodulationen nur wenig ebenerdige Freiflächen. Dies wird durch den mit 25 m ungewöhnlich langen Balkon sowie die große Südwestterrasse ausgeglichen.

» *Wie eine Gangway läuft der Balkon vor dem Haus entlang. Man hat hier ein erhebendes Gefühl von Weite und Freiheit, so als könne man gleich abheben*«, schwärmt der Bauherr. Gleichzeitig sind sämtliche Freiflächen überdacht und dadurch geschützt. Als sozusagen aus dem Riegel herauswachsender Kasten erweitert der um 1,40 m nach Süden auskragende Außenbereich das Obergeschoss. Diese Differenzierung des Baukörpers wird durch eine Differenzierung in Material und Farbe betont: Die »warmen« Wohnbereiche sind verputzt (weiß im Obergeschoss, grau im Untergeschoss), die »kalten« Balkon- und Terrassenbereiche bestehen aus Sichtbeton. So auch die Südwestterrasse, die stützenfrei ganze 3 m weit auskragt.

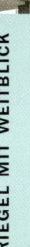

Obwohl das Haus mitten in einem bebauten Gebiet nicht weit vom Ortskern steht, nimmt man die umliegenden Gebäude und die Straße entlang des Eckgrundstücks kaum wahr. Das Stein gewordene Luftschloss schwebt über den Dingen und nimmt neben Himmel und weitem Land höchstens sein barockes Gegenüber und den nachbarlichen Kirchturm zur Kenntnis.

Trommeln und Schwitzen mit Traum-Panorama

Kaum ein Bauherr, der Wert auf großzügige, offene Raumgestaltung legt, möchte Küche, Ess- und Wohnzimmer voneinander trennen. Und so besteht auch der Hauptraum im Obergeschoss dieses Traumhauses aus einem 65 m² großen Koch-, Ess-

und Wohnbereich, der durch den freistehenden Arbeitsblock sowie einen Raumteiler mit Kamin und Stauraum zoniert wird. Große Glasschiebetüren geben auf zwei Seiten den Weg frei zu überdachtem Freisitz und Balkon und erweitern den Raum nach außen. Eine gemütliche Rückzugsmöglichkeit bietet das angrenzende Musikzimmer, das mit 8 m² einen bewussten Kontrast zum großzügigen Hauptraum darstellt. Arbeitszimmer, Bad und Schlafzimmer komplettieren den Wohnbereich. Das Untergeschoss dominiert der große Fitnessraum mit Sauna. Dem aktiven Bauherrn und seiner sportlichen Lebensgefährtin war dieser Bereich besonders wichtig. Beide wollen sich in ihrer knappen Freizeit im eigenen Haus fit halten können. Ins Schwitzen wird der Bauherr auch

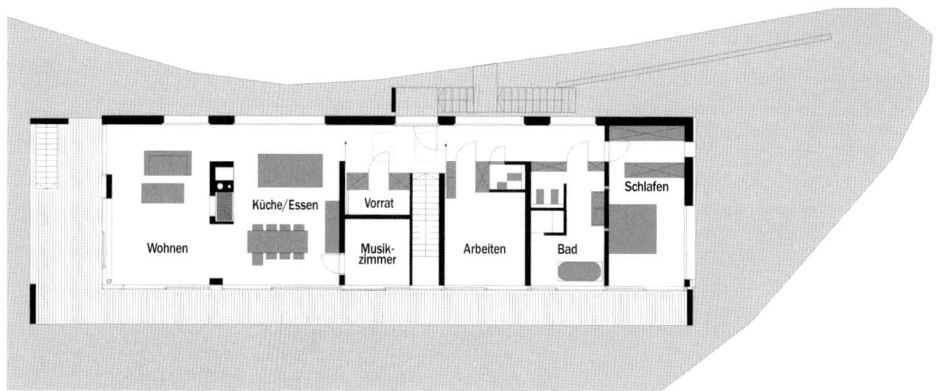

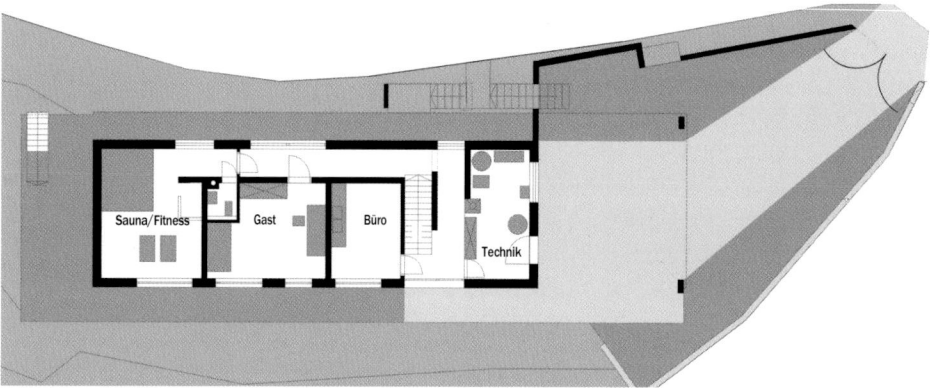

in seinem Musizierzimmer kommen. Der Hobby-Schlagzeuger kann hier endlich so laut und so lange üben, wie er Lust hat. Im mittleren Bereich des Untergeschosses steht Gästen ein großzügiger Raum (18 m²) mit eigenem Bad zur Verfügung. Direkt unterhalb der Freiflächen des Obergeschosses verläuft ein dadurch überdachter, gepflasterter Terrassenbereich, der von sämtlichen Räumen des Untergeschosses aus betretbar ist. Und natürlich kann der Bauherr auch beim Trommeln oder Schwitzen seinen Blick durch raumhohe Fenster ins Weite schweifen lassen.

Um ganze 6 m kragt das Obergeschoss nach Osten aus. Das ist so weit, dass es ohne stützende Säule statische Probleme gegeben hätte und auch so weit, dass ein dramatischer Effekt entsteht. Der Raum unterhalb der Auskragung wird als Carport genutzt. Durch einen zweiten Eingang im Untergeschoss können die Bewohner auch von hier aus das Haus betreten.

ENERGIEKONZEPT MIT WEITBLICK

Auch ökologisch beweist dieses Traumhaus Weitblick: Für WC-Spülung und Gartenbewässerung wird Regenwasser genutzt. Doch das ist noch das Geringste. Eine künstliche Be- und Entlüftung senkt über einen Wärmetauscher den Energiebedarf und gewährleistet optimale Frischluftzufuhr ohne Wärmeverlust. Umweltfreundlich wirkt sich vor allem die mit Geothermie betriebene Heizung aus. Über eine Wärmepumpe, die mit zwei je 99 m tiefen Erdsonden gespeist wird, wird Erdwärme ins Haus geholt.

ARCHITEKT UND BAUHERR ALS TEAM

Ein Haus ist perfekt, wenn es Wohnbedürfnisse und ästhetische Vorstellungen des Bauherrn in hochwertige Architektur umsetzt. In diesem Fall hatten die Bauherren sehr konkrete Ideen und Vorgaben, wie ihr Traumhaus auszusehen hat. Ein guter Architekt gibt diesen Ideen Form und fügt sie zu einem stimmigen Gesamtkonzept.

»» *Dem Projekt kam es sehr zugute, dass wir den gleichen Geschmack haben und uns bei den grundsätzlichen Fragen immer einig waren«,* sagt der Bauherr und blickt zufrieden von seiner skulpturalen Aussichtsplattform ins Land. Er hat sich viel Zeit gelassen mit den zahllosen Detailentscheidungen, die im Laufe des Bauprozesses noch zu treffen waren, wollte nichts überstürzen, Materialien in Ruhe auswählen und lieber länger auf die Lieferung exklusiver Bauteile warten, als das Zweitbeste zu ordern. Dadurch hat sich die Fertigstellung des Hauses um ein halbes Jahr verzögert – über den Drucklegungstermin dieses Buches hinaus. Doch dem Bauherrn war es das wert – schließlich will er hier viele lange Jahre zufrieden wohnen und keine gestalterische Entscheidung bereuen müssen.

BAUDATEN

Standort	Wörth a. d. Donau bei Regensburg
Grundstücksfläche	803 m²
Wohnfläche	226 m²
Nutzfläche	14 m²
Umbauter Raum (BRI)	904 m³
Bauweise	Massiv (Wände in Ziegelbauweise, Decken Stahlbeton)
Energiekonzept	Wärmepumpe mit Geothermienutzung, kontrollierte Wohnraumlüftung
Baukosten	1526,50 €/m²
Gesamtkosten	345 000 €
Besonderheiten	Haus am Hang (Neigung 30 %)

ARCHITEKTEN

Christian Kirchberger
Bahnhofstraße 18
93047 Regensburg
Tel: 0941 6308 440
Fax: 0941 6308 441
www.christian-kirchberger.de
info@christian-kirchberger.de

Ein grosszügiges Grundstück mit herrlichem Ausblick in ruhiger aber zentraler Lage, eine freistehende Villa im Grünen – das wünschen sich die meisten Bauherren. Leider sieht die Realität oft anders aus und das Traumhaus muss ein Traum bleiben. Dass man auch aus einem alten Gewerbegebäude in einem tristen Hinterhof, auf allen Seiten bedrängt durch mehrstöckige Nachbarhäuser, ein Traumhaus machen kann, hat ein junges Münchner Architektenpaar mit zwei Kindern bewiesen. »Wir wollten uns ein eigenes Haus bauen und trotzdem wie bisher mitten in der Stadt, in ›unserem‹ Viertel wohnen, unser hier

gewachsenes soziales Umfeld nicht verlieren«, sagen sie. Ein Haus in einem sterilen Neubaugebiet am Stadtrand mit täglichem Pendeln zu Kindergarten und Arbeitsplatz kam für sie nicht in Frage.

OASE ZWISCHEN MAUERN

Und so ist mitten im belebten Schwabing, direkt an einer der Hauptverkehrsadern, eine ruhige Hinterhof-Oase entstanden. Im Vordergebäude befindet sich nach wie vor ein Bäckerladen, ein Supermarkt ist direkt nebenan, der Kindergarten kann bequem zu Fuß erreicht werden. Und noch einen Vorteil hat die zentrale Lage: Die beiden Architekten konnten im Erdgeschoss ein großes Büro und Arbeitsatelier einrichten. Bauen im Bestand, Verdichtung im innerstädtischen Raum statt Flächenfraß und Pendlerstress, die Verknüpfung von Wohnen und Arbeiten – das sind zentrale städteplanerische Aufgaben, die die Bauherren vom Fach mit diesem Projekt beispielhaft umsetzen wollten.

VON DER HINTERHOFTRISTESSE ZUM MODERNEN FAMILIENDOMIZIL

Es war ein mutiger Entschluss, das leerstehende, fast schon zur Ruine heruntergekommene Rückgebäude im Herzen Schwabings zu sanieren und

LINKS: DAS BESTANDSGEBÄUDE VOR DER RENOVIERUNG, IN DEM RAUM IM ERDGESCHOSS WAR FRÜHER DIE BACKSTUBE UNTERGEBRACHT.

LINKS UNTEN: DIE HINTERHOFSITUATION NACH DER RENOVIERUNG

nach eigenen Vorstellungen umzugestalten. Es brauchte wohl den erfahrenen Blick von Fachleuten, um sich überhaupt vorstellen zu können, dass hier ein Traumhaus entstehen könnte. »Mit normalen Bauherren«, so sagt der Architekt/Bauherr, »hätte man das nicht durchziehen können. Die hätte der Urzustand sicher viel zu sehr abgeschreckt.« Es war ein langer Weg von der 1950er-Jahre-Hinterhofwerkstatt zum modernen Wohnhaus. Das Bestandsgebäude musste entkernt, die Struktur grundlegend verändert, die Geschosse neu eingeteilt werden. Wo früher die Backstube war, wo Mehlsäcke lagerten, werden heute Häuser entworfen. Wo jahrzehntelang Torten und Pralinen

gefertigt wurden, wird geschlafen, gebadet und gespielt. Und aus den vier kleinen Räumen im zweiten Stock (ehemals Büros und Aufenthaltsräume) ist ein großzügiges Loft geworden. Trotz zahlreicher Veränderungen gaben Bestand und Lage viele Entscheidungen vor. So wurden beispielsweise die Schlafräume nicht wie üblich in der obersten Etage untergebracht, sondern im ersten Geschoss, das relativ wenig Licht erhält. Der hellere zweite Stock beherbergt Küche, Ess- und Wohnraum, das lichtdurchflutete Dachgeschoss eine weitläufige Terrasse mit Wintergarten. Im Erdgeschoss befinden sich ein Atelier sowie eine kleine Einliegerwohnung mit raumhohen Fenster-

flächen, die durch Vermietung helfen soll, das Projekt zu finanzieren.

Anders als bei einem freistehenden Einfamilienhaus waren die Öffnungen durch die Nachbarbausubstanz vorgegeben. Aufgrund dessen ist das Gebäude nach Osten vollständig sowie nach Norden und Süden weitgehend geschlossen. Die Mehrzahl der Fenster und Türen ist nach Westen ausgerichtet. Da im engen Hinterhof kaum Luftzirkulation stattfindet und im Haus keine Querlüftungsmöglichkeit vorhanden ist, war eine kontrollierte mechanische Wohnraumlüftung, die stets für Zufuhr behaglicher vortemperierter Frischluft sorgt, notwendig.

WOHN-, ESS- UND KOCHBEREICH SIND IN EINEM GROSS-
ZÜGIGEN LOFTRAUM UNTERGEBRACHT.

DER FREISTEHENDE KÜCHENBLOCK, RECHTS DAHINTER
DAS SPIELZIMMER

NEUES LEBEN IM ALTEN GEMÄUER

Um das Vorleben des Hauses spürbar zu lassen, haben die Bauherren im großen Hauptraum im zweiten Stock die alten Mauern teilweise nicht verputzt, sondern lediglich weiß gestrichen. Die Struktur der Ziegelwände einschließlich der alten Fensterbögen ist gut sichtbar. Alle Böden (und die Treppen) sind mit Industrieparkett aus Ipé-Lapacho-Holz ausgelegt. Die schmalen dunklen Holzriemchen bilden einen eleganten Kontrast zur Sichtbetondecke aus großformatigen Schalplatten im Wohnbereich. Im Erdgeschoss sowie in den Schlafräumen sind Decken und Wände weiß verputzt.

VON WEGEN ZUCKERBÄCKERARCHITEKTUR

Bauen im Bestand heißt immer: Umgehen mit der Geschichte des Hauses. Von der nach Schokolade und Mandeln duftenden Konditorei, der Backstube mit dem Geruch von frischem Brot war schon lange nichts mehr zu spüren, als die Bauherren das Rückgebäude fanden. Seit mehreren Jahren hatte es leer gestanden, befand sich in einem desolaten Zustand. Schutt wurde tonnenweise entfernt, die historische Patina erst einmal abgetragen. Die gesamte haustechnische Infrastruktur wurde erneuert: Rohre, Leitungen, Heizung, Abwassersystem, Anschlüsse – alles mussten die

Architekten neu verlegen. Dafür bekamen sie eine Heimstatt mit Historie. Statt auf einer anonymen Parzelle am Stadtrand leben sie heute an einem geschichtsträchtigen Ort, in dessen unmittelbarer Nachbarschaft (im Vorderhaus) Mitglieder der Weißen Rose tätig waren.

LICHT UND LUFT IM ENGEN HINTERHOF

Jedes Geschoss verfügt über attraktive Außenräume. Ein kleiner Hof vor dem Gebäude beherbergt eine Sitzgruppe aus Betonsteinen, aus den Räumen im ersten Stock tritt man auf eine 15 m² große Terrasse, unter der sich die Einliegerwohnung

befindet. Dem Küchenbereich im zweiten Stock ist ein Balkon vorgelagert, die Dachterrasse auf dem Flachdach wird im Sommer als Hauptwohnraum genutzt.

Der Wohn- und Essbereich verfügt zwar über keinen direkten Zugang zum Freien, gibt jedoch auf der Schmalseite durch ein 2,20 m langes Fensterband den Blick auf die schöne alte Esche des nachbarlichen Hofes frei und öffnet sich durch ein großes Holzsprossenfenster, das an die Ateliertradition Schwabings anknüpft, zur Westseite. Um zusätzliche Helligkeit in den Raum zu leiten, legten die Architekten die Treppe zum Dachgeschoss nicht parallel zu den anderen Erschließungsaufgängen, sondern auf die Nord-Südachse. So kann Südlicht von hier sowie durch ein kleineres Fenster im Flur direkt in den auf der Nordseite

gelegenen Wohnbereich gelangen. Die ungewöhnliche Raumhöhe komplettiert das Gefühl von Weite und Großzügigkeit, das die bedrängte Lage des Gebäudes gänzlich vergessen macht. Treppenaufgang, Küchenzeilen, Esstisch, Sofa, Wohnzimmertisch und Fensterband formen eine Staffelung horizontaler Linien, die den langen Loftraum auf dezente Weise symmetrisch zonieren und ihn trotz seiner Tiefe von 10 m wohnlich gestalten.

SELBST DER TROCKNER VERSCHWINDET IM SCHRANK

Um die Räume nicht mit Schränken und Regalen zustellen zu müssen, haben die Architekten viel dezent versteckten Stauraum geschaffen. Einbauschrankzeilen in den Flurbereichen (im ersten

Stock erstreckt sich ein Schrank mit 15 m sogar über die gesamte Gebäudelänge) schaffen nicht nur Platz für Kleidung und Hausrat, sondern auch für Waschmaschine, Trockner und andere Haushaltsgeräte. Zusätzliche Abstellkammern sowie eine Schranktreppe im Erdgeschoss ergänzen das Konzept. Auch im ersten Stock wurde der Raum unter der Treppe optimal genutzt: Die Architekten schufen eine gemütliche Badekoje mit Stimmungslicht.

Urbanes Wohnen mit dörflichem Flair

Weitläufige 40 m² Freifläche sowie ein kleiner Wintergarten (15 m²) sorgen für exklusives Penthouse-Feeling mitten im teuren Schwabing. Die mit Holz belegte und üppig bepflanzte Dachterrasse ragt zwar über die umliegenden Gebäude nicht hinaus und ist auch einsehbar, bietet aber trotz dicht bebauter Umgebung ein großzügiges Stück Gartenidylle mit (meist) weißblauem Himmel. Von den in wenigen Metern Luftlinie verlaufenden, stark befahrenen Straßen dringt keinerlei Verkehrslärm in den ruhigen Hinterhof. Vor den

Vordergebäuden befinden sich Trambahn- und Bushaltestellen, zwei U-Bahn-Stationen sind jeweils etwa fünf Minuten Fußweg weit weg – die Bauherren genießen eine optimale Verkehrsanbindung ohne die oft damit verbundene Lärmbelastung und benötigen selbst kein Auto mehr.

Das perfekte Haus wandelt sich mit den Bedürfnissen der Bauherren

Immer mehr Bauherren wünschen sich Grundrisse, die gemäß ihrer sich wandelnden Bedürfnisse geändert werden können. Bei der Planung für das Haus in zweiter Reihe haben sich die Architekten diesen Wunsch nach Flexibilität erfüllt. Das Büro im Erdgeschoss verfügt über WC und Dusche und kann später als separates Studio für eines der Kinder genutzt oder vermietet werden. Auch wäre es möglich, die Wände zur Einliegerwohnung hin durchzubrechen und den gesamten Erdgeschossbereich zu einer großzügigen Dreizimmerwohnung zu machen. Das Spielzimmer neben der Küche kann in einigen Jahren zum gemütlichen Wohnzimmer und Rückzugsraum für die Eltern umfunktioniert werden. Die dann Halbwüchsigen – so stellen es sich die vorausschauenden Eltern vor, hätten im großen Wohnbereich sturmfreie Bude für Treffen mit Freunden. Wie auch immer sie es nutzen werden: Das Stadthaus mit Geschichte ist gerüstet für die nächste Generation zufriedener Bewohner.

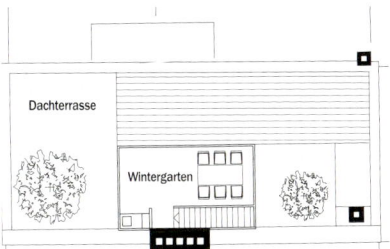

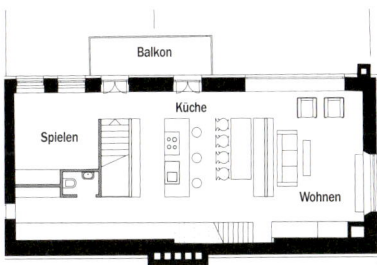

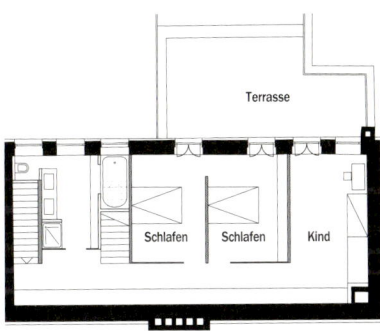

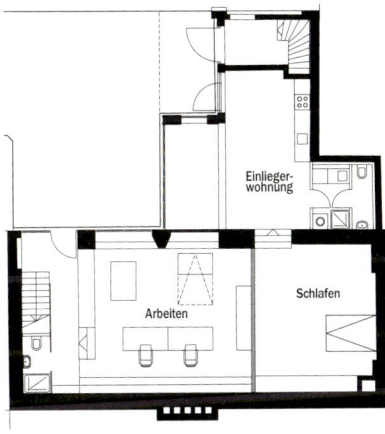

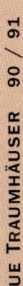

BAUDATEN

Standort	München-Schwabing
Grundstücksfläche	ca. 460 m² als WEG
Wohnfläche	ca. 210 m² (Hauptwohnung), ca. 64 m² (Einliegerwohnung)
Nutzfläche	ca. 60 m² (Keller), ca. 30 m² (anteilig Terrassen/ Balkon)
Umbauter Raum (BRI)	ca. 1120 m³
Bauweise	Massiv
Energiekonzept	Solarkollektoren, kontrollierte Wohnraumlüftung, kfW-40 Standard
Baukosten	ca. 1000 €/m²
Gesamtkosten	355 000 € (ohne Kosten für den Erwerb des Bestandsbaus)
Besonderheiten	Innerstädtisches Wohnhaus in Innenhoflage

ARCHITEKTEN

Büro Holzfurtner & Bahner
Stefan und Ines Holzfurtner
Schraudolphstraße 26
Tel: 089 2730188
Fax: 089 27817212
www.holzfurtner.eu

Hochwertige, moderne Architektur mit Wohlfühlcharakter – das wollte die junge Familie mit zwei kleinen Kindern aus Konstein bei Eichstätt im bayerischen Altmühltal für ihr Traumhaus. Auch für sie spielte allerdings – wie für die meisten Bauherren – der Kostenfaktor eine nicht unerhebliche Rolle. Wer konnte ihnen aber ein anspruchsvolles Zuhause für wenig Geld bauen? Sie fanden den perfekten Baumeister, indem sie einfach bei einem Haus, das ihnen besonders gut gefiel, klingelten und nach dem Architekten fragten. Es war Christoph Herle vom Architektenbüro Herle + Herrle aus Neuburg an der Donau.

AUF DER TALSEITE IST GRÖSSTMÖG-
LICHE ÖFFNUNG GEFRAGT.

ZUR STRASSE HIN IST DAS HAUS
FAST VOLLSTÄNDIG GESCHLOSSEN.

RECHTS: DIE SÜDSEITE MIT DER
AUSKRAGENDEN DECKE AUS SICHT-
BETON, DIE DIE STRASSENFASSADE
HORIZONTAL WEITERFÜHRT.

ZWISCHEN JURAKALK UND HIMMEL

Für das außergewöhnliche Eckgrundstück an einem steilen Südwesthang entwarfen die Architekten einen sehr reduzierten Baukörper, der sich der Topografie mit großer Konsequenz anpasst. Das Gebäude grenzt an den östlichen Grundstücksrand und verschließt sich zur dort verlaufenden Straße hin fast völlig. Die 18,50 m breite Front aus Sichtbeton hat nur eine Öffnung: das große Eingangsportal mit Tür und Milchglasscheibe. Durch das Gefälle des Geländes entsteht eine zusätzliche Abgrenzung zur Ostseite, daher bleibt zwischen Straßenniveau und Obergeschoss ein Ebenenversprung. Ein kleiner Steg, der direkt zum Eingang führt, gleicht dies aus und betont die burgartige Geschlossenheit dieser Seite des Hauses. Die Südwestseite mit Aussicht in die weite Landschaft des Urdonautals ist komplett geöffnet. Große Fensterfronten bilden den Gegenpol zur Schließung nach Osten. Im Gartengeschoss sorgen raumhohe Fenster für reizvolle Ausblicke.

EIN THEMA – ZWEI LÖSUNGEN

Wie beim »Riegel mit Weitblick« (siehe Seite 70 ff.) ruht das Obergeschoss auf einem kleineren Sockel, in dem das Gartengeschoss untergebracht ist. Und wie beim Wörther Haus wird das Obergeschoss durch eine lange überdachte Balkonfront, die auf der Gartenseite des Gebäudes in einen ebenfalls überdachten Freisitz übergeht, maßgeblich erweitert, während die Straßenseite weitgehend geschlossen bleibt. Die vielen Übereinstimmungen verwundern kaum, denn auch die baulichen Vorgaben ähnelten sich stark: Beide Eckgrundstücke liegen an einem steilen Süd- beziehungsweise Südwesthang mit schönem Ausblick und der Straße auf der Nord- beziehungsweise Ostseite, in beiden Fällen wünschten sich die Bauherren Offenheit und Geborgenheit zugleich und verzichteten auf eine Unterkellerung. Und doch hat jedes Haus seinen ganz eigenen Charakter. Viel radikaler ist hier die Schließung zur Straße. Architekt Herle verzichtet auf dieser Seite fast ganz auf eine Aus-

DIE SÜDWESTSEITE MIT MARKANTEN
DACH- UND TERRASSEN-AUSKRAGUNGEN.
DAS WEIT AUSKRAGENDE FLACHDACH
SCHÜTZT DIE DARUNTERLIEGENDEN
AUSSENBEREICHE.

kragung (nur wenige Zentimeter ragt das Obergeschoss über das Gartengeschoss hinaus) und grenzt den »Rücken« des Gebäudekorpus durch eine 4 m hohe Betonwand klar vom öffentlichen Raum ab. Diese überragt das Flachdach um einen halben Meter und besteht aus puzzleartig ineinander gefügten Einzelteilen, was die Monumentalität der Fläche aufbricht und strukturiert. Sie reicht auch nach Süden über den Gebäudekorpus hinaus und dient so als Sichtschutz für die Terrasse. Eine 50 cm hohe Betonbalustrade entlang der Südseite der Terrasse führt die Ummantelung des Hauses fort.

DREIDIMENSIONALE FLÄCHENVARIATIONEN

Das »Haus am Hang« ist viel kompakter als der langgestreckte »Riegel mit Weitblick« und genau genommen ist das Erdgeschoss (vom Garten aus gesehen die obere Wohnebene) nicht größer, sondern sogar kleiner als das darunterliegende Gartengeschoss. Es wirkt nur größer: durch die weit auskragenden Balkon- und Terrassenflächen und sein auskragendes Dach, aber auch durch die elegante Stahlkonstruktion, die das Dach stützt, das obere Geschoss optisch erweitert und einen reizvollen Akzent an der Westfassade setzt. Im

Grunde ist das Haus eine Art »dekonstruktivistischer Plattenbau«: Betonplatten, Mauer- und Trockenbauwände verschiedenster Maße sind vertikal und horizontal so zueinander gesetzt, dass ein Baukörper mit ungewöhnlichen aber klaren Strukturen und spannenden Proportionen entstanden ist. Das Spiel mit Flächen und Ebenen verleiht dem Haus skulpturale Qualitäten.

OBEN WOHNEN, UNTEN SCHLAFEN

Aufgrund der Hanglage ist der Ausblick im oberen Geschoss attraktiver als im Gartengeschoss. Dementsprechend ist die obere Ebene vollständig zur Talseite geöffnet, im unteren Bereich hat der Architekt vier raumhohe Fenster mit Türen plat-

ziert, durch die man direkt in den Garten treten kann. Hier sind auch die Schlafräume untergebracht. Im Obergeschoss liegen Küche, Ess- und Wohnraum sowie ein Arbeitszimmer. Zum Zeitpunkt der Drucklegung waren die Räume leider noch nicht fotografierbar. Da die Bauherren (beide berufstätig) viel Eigenleistung zur Realisierung ihres Traumhauses beisteuerten, hat sich die Fertigstellung um einige Monate verzögert.

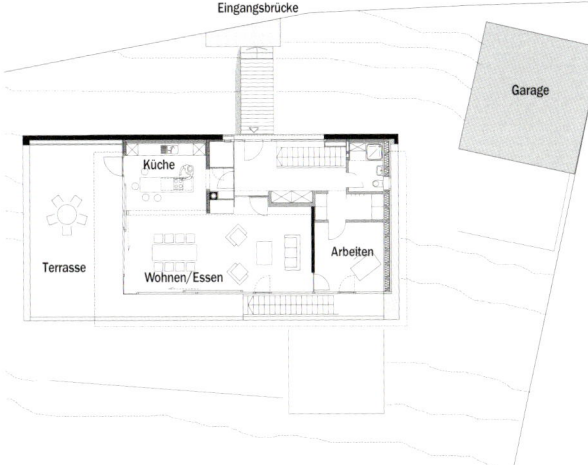

Eingangsbrücke

Garage

Küche

Terrasse

Wohnen/Essen

Arbeiten

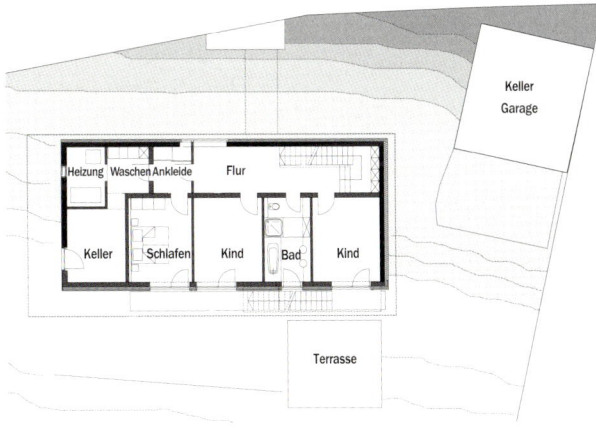

Keller
Garage

Heizung Waschen Ankleide Flur

Keller Schlafen Kind Bad Kind

Terrasse

ARCHITEKT CHRISTOPH HERLE (RECHTS) IM GESPRÄCH
MIT DEN BAUHERREN

BAUDATEN

Standort	Konstein/ Landkreis Eichstätt
Grundstücksfläche	1220 m²
Wohnfläche	167 m²
Nutzfläche	25 m²
Umbauter Raum (BRI)	951 m³
Bauweise	Mischbauweise (Ziegelbau, Beton, Erdgeschoss: Holzbau, Trockenbau)
Energiekonzept	Holzofen im Wohnraumzentrum mit Wärmeabgabe auch an Fußbodenheizung im EG und UG, Brennwert-Ölheizung zur Unterstützung
Baukosten	keine Angaben
Gesamtkosten	ca. 300 000 €
Besonderheiten	Haus am Steilhang, Flachdach im ländlichen Raum

ARCHITEKTEN

Herle + Herrle Architekten
Christoph Herle, Klemens Herrle
Sudetenlandstraße 21
86633 Neuburg
Tel: 08431 47833
Fax: 08431 40989
www.herle-herrle-architekten.de

EIN HAUS AM HANG

9 EIN HAUS MIT ACHT BAUHERREN

ACHT BAUHERREN, DREI HÄUSER, ZWEI ARCHITEKTEN, ein idyllisches und doch zentrumsnahes Grundstück direkt am Fluss: Gemeinsam wollten sich zwei Singles, zwei Paare sowie eine vierköpfige Familie aus Eggenfelden den Traum von den eigenen vier Wänden erfüllen. »Bauherrengemeinschaften sind immer noch eine Seltenheit«, sagt Architektin Alexandra Breu. Verwunderlich, denn diese Art, zum maßgeschneiderten Eigenheim zu kommen, hat viele Vorteile.

VORTEIL BAUHERRENGEMEINSCHAFT

Zuallererst spart das Bauen im Verbund natürlich Kosten. Durch die gemeinsame Auftragsvergabe und das höhere Kostenvolumen können Preisnachlässe leichter ausgehandelt werden. Auch die gemeinsame Nutzung baulicher Infrastrukturen bringt Vorteile. Die Investition in eine Wärmepumpe für regenerative Energienutzung etwa war im Rahmen des Budgets nur möglich, weil mehrere Parteien sich die Kosten teilten. Außerdem kann die Gesamtgrundstücksfläche sinnvoller genutzt werden. In Eggenfelden haben die Architekten beispielsweise die Freiflächen und Hauseingänge so verteilt, dass trotz der baulichen Verdichtung genügend Individualität und Privatheit für die einzelnen Bauherren möglich ist. Architektonisch bilden die drei Gebäude eine Einheit, zwingen die Bauherren jedoch nicht zum Konformismus. Durch individuelle Grundrisse und ganz unterschiedliche gestalterische Details können alle Beteiligten ihren persönlichen Bedürfnissen nachkommen.

VOR- UND RÜCKSPRÜNGE, FARB-, MATERIAL- UND HÖHEN-
VARIATIONEN BELEBEN DIE FASSADEN.

UNTEN: DAS VORDERHAUS MIT DEN BEIDEN SINGLE-
WOHNUNGEN

ZEITGEMÄSSE STADTENTWICKLUNG

Mit seiner homogenen, aber nicht monotonen modernen Architektur und der flächensparenden Bebauung auf einem zentrumsnahen Grundstück ist das Projekt auch städteplanerisch interessant. Viele Familien mit dem Wunsch nach bezahlbarem Wohnraum und großzügigen Freiflächen sehen sich gezwungen, in Einfamilienhaussiedlungen an den Ortsrändern zu ziehen. Für die Familien heißt

das: lange Wege zur Arbeit, zur Schule, zum Einkaufen. Für die Zentren: zunehmende Verödung. Die Architekten Alexandra Breu und Helmut Eckmeier sprechen daher ihrem Projekt nicht nur bauliche, sondern auch städteplanerische Qualitäten zu:

» *Wegen des hohen Flächenverbrauches durch eine zunehmende Zersiedelung unserer Ortschaften wollen wir zeigen, dass es mit flächen-, ressourcen- und kostensparenden Alternativen*

gut möglich ist, zentrumsnah zu bauen und zu investieren, um damit einen wichtigen Beitrag zur Belebung und Stärkung der Ortsmitten zu leisten. Uns gab dieses Projekt die Gelegenheit, einen Baustein dazu beizutragen, den Ortskern als lebendigen Organismus zu erhalten und weiterzuentwickeln.

Alleine hätte sich keine der beteiligten Parteien einen so attraktiven Bauplatz nur wenige Gehminuten von der Ortsmitte leisten können. Aber auch für die beiden Singles bot das Gemeinschaftsprojekt eine außergewöhnliche Gelegenheit. Wann kann sich ein alleinstehender junger Mensch sonst schon ein Haus nach eigenen Vorstellungen bauen? Im Verbund jedoch war es den beiden Singles möglich, je eine eigene Einheit auf zwei Etagen und mit separatem Eingang zu realisieren.

TRAUMHAUSENSEMBLE OHNE GRUPPENZWANG

Auch die anderen Wohneinheiten haben eigene Eingangsbereiche und sogar eigene Hausnummern. Besonders wichtig sind die räumlich getrennten privaten Freiflächen. Die Architekten haben sie so verteilt, dass jede Einheit über mindestens einen separaten Freisitz verfügt. Der mittlere Gebäudekomplex, den die vierköpfige Familie bewohnt und der mit etwa 200 m² die größte Wohnfläche bietet, hat sogar drei Freiflächen auf drei verschiedenen Ebenen: eine Terrasse mit Garten sowie zwei Dachterrassen.

Obwohl das Ensemble eine architektonische Einheit bildet, verleiht ihm die kleinteilige Gliederung mit Vor- und Rücksprüngen, Kubaturvariationen, gestaffelter Höhenentwicklung mit zurückgesetzten Dachgeschossen und erdgeschossigen Anbauten sowie unterschiedlichen Materialien und Oberflächenstrukturen eine hohe Plastizität.

So wurde Haus A in Holzrahmenbauweise erstellt und mit Holzschalung verkleidet, Haus B/C ist ein massiver Ziegelbau mit weißem und hellgrauem Putz.

Wiederkehrende Gestaltungselemente wie Fensterbänder und markante Eckfenster sowie die beiden gleich hohen Pultdächer betonen wiederum die Homogenität des Gesamtkomplexes. Die Eingangsbereiche sind bei allen Häusern identisch: eine Holztür aus heller Lärche, neben der ein Glasstreifen für genügend Licht im Flur sorgt.

Auch die Innenraumaufteilung verbindet die einzelnen Maisonette-Wohneinheiten. Fast alle sind auf verschiedenen Ebenen miteinander verschränkt, nur beim mittleren »Haus im Haus« liegen die Räume auf drei Etagen übereinander. Aufgrund dieser räumlichen Verknüpfungen verfügt jede Einheit über einen individuellen Grundriss.

ren, nahmen die Bauherren dies gerne in Kauf, und die Architekten sorgten trotzdem für genügend Stauraum. Jede Einheit verfügt über einen eigenen Schuppen sowie mindestens eine Abstellkammer oder begehbaren Schrank.

Leben am Fluss

Der lang gezogene Gebäudekomplex (70 × 10 m) orientiert sich an der Rott, dem am Grundstück entlangfließenden Fluss. Dem attraktiven Blick auf das Gewässer und die dazugehörigen Auen ist es geschuldet, dass auch die Nordseiten der Hauseinheiten großzügig mit Fenstern versehen wurden. Im Inneren bieten die mit breiten Holzrahmen eingefassten Fenster gemütliche Sitzplätze mit ganz besonderem Panorama, und auch die nordseitigen Bäder sind so gestaltet, dass sie vom Blick auf die Rott profitieren.

Wegen der Grundwasserverhältnisse musste auf eine Unterkellerung verzichtet werden. Weil dadurch rund 20 % mehr Kosten entstanden wä-

WOHNTRAUM MIT GLEICHGESINNTEN

Erlebt man die Bauherren zusammen, so entsteht leicht der Eindruck, sie seien seit Jahren befreundet. Dabei haben sich die meisten erst im Rahmen des gemeinsamen Projektes kennengelernt. Es war die Idee der Architekten, verschiedene bauwillige Kunden mit ähnlichen Vorstellungen zusammenzubringen. Dass die Bauherrinnen und Bauherren harmonieren, zeigt sich auch an den Inneneinrichtungen: lichte Räume mit weiß verputzten Wän-den und hellen Holzböden, klare Linien und markante Farben, sparsame Möblierung mit modernem Design, zurückgenommen aber hochwertig.

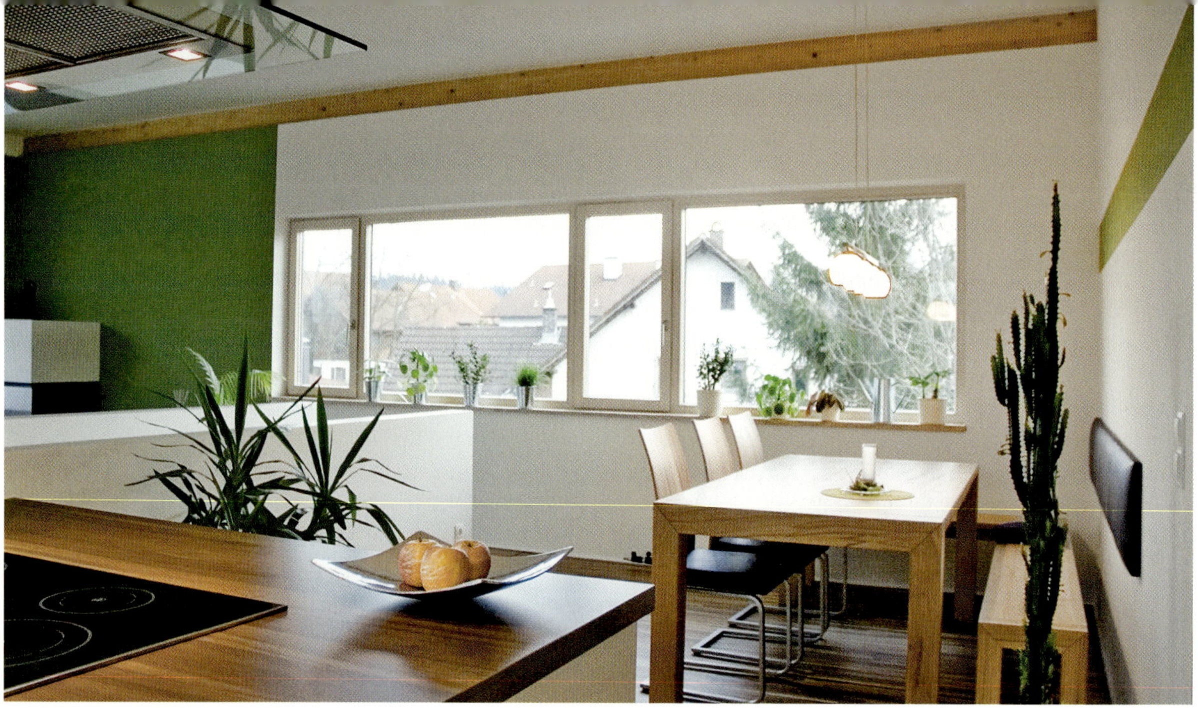
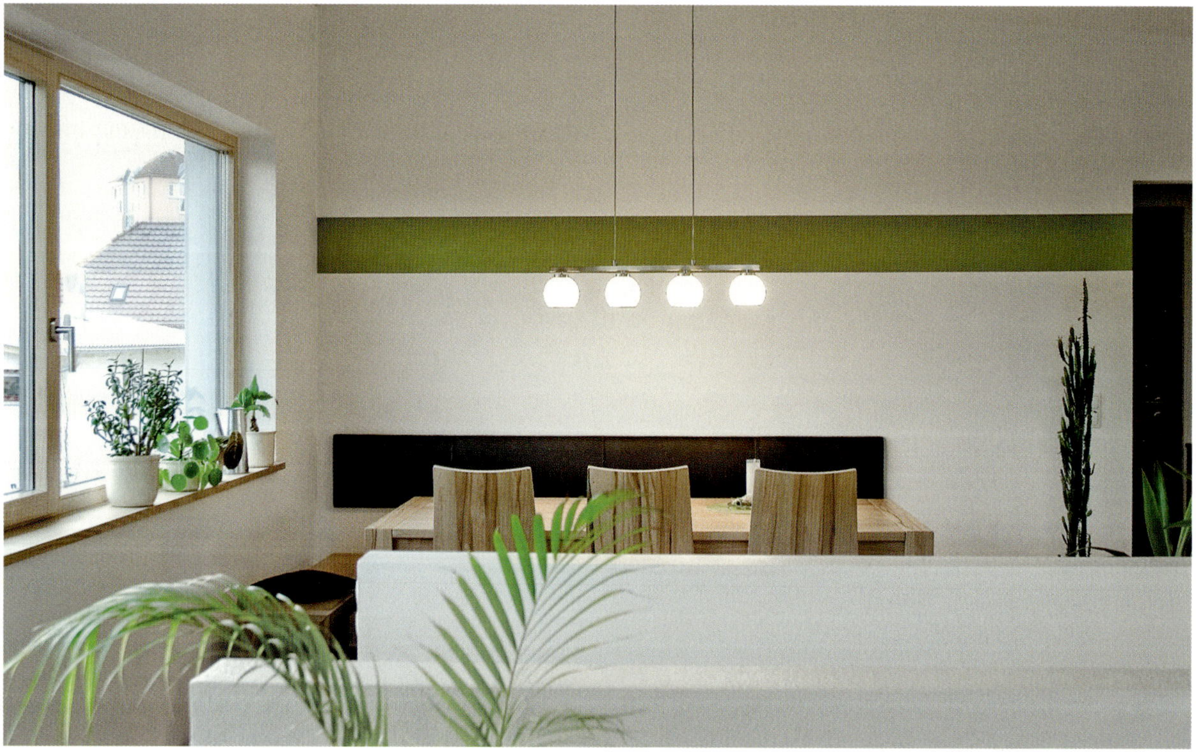

Wohnen, Essen und Kochen im Obergeschoss. Die dezent integrierte Treppe strukturiert den offenen Raum.

Unten: Auch hier zoniert eine platzsparend integrierte Treppe den Raum.

Alle Wohnbereiche verfügen über einen Kamin und die meisten Bauherren haben sich den Traum von einer freistehenden Badewanne erfüllt. Auch andere wiederkehrende Elemente, wie etwa diagonal angeschrägte Wände oder durch niedrige Brüstungen harmonisch in das Raumgefüge integrierte Treppen ohne Handlauf sorgen für Einheitlichkeit. Die großzügigen Wohn- Koch- und Essbereiche mit ihren großen Fenstern erhalten durch eine Höhe von 2,70 m zusätzliche Weite. Die Räume beziehen die attraktive Umgebung bewusst ein, nirgends beschränken Vorhänge oder Rollos die freie Sicht auf die von Spitzahorn und

Linden gesäumte Flusslandschaft, die sorgfältig gestalteten Gartenbereiche oder die kleine Barockkirche in der unmittelbaren Nachbarschaft, die abends angestrahlt wird. Verschattung und Sichtschutz bieten allein die außen angebrachten Jalousien an den großen Glasfronten zur Gartenseite und zu den Freisitzen sowie Rollläden an den kleineren Fenstern.

ÄHNLICH UND DOCH GANZ ANDERS

Was die Bauherren neben den vielen anderen Vorteilen an ihrem Gemeinschaftsprojekt schätzen, sind – trotz aller Einheitlichkeit – die individuellen Gestaltungsmöglichkeiten. Die Architekten haben so viele Sonderwünsche wie möglich erfüllt. So wurden etwa bei der Planung für das Familienhaus in der Mitte die Maße der vorhandenen Möbel berücksichtigt. Die mitgebrachte Schrankwand diktierte die Breite des Wohnzimmers. Zudem wollten diese Bauherren unbedingt eine freistehende Stahltreppe vom Wohnbereich im Erdgeschoss zu den oberen Stockwerken. Bei den beiden Singles sorgen vor allem die Materialien für besonderes Flair: Die Bauherrin der unteren Wohnung hat Holz aus dem familieneigenen Wald verarbeiten lassen, und den Flurbereich der oberen Wohnung zieren uralte Steinfliesen, die der Bauherr aus einem alten Pfarrhof gerettet und neu zugeschnitten hat.

STEINE IM KÄFIG, WASSER IM BECKEN

Durch die Vor- und Rücksprünge der Gebäudekörper entstehen abgesetzte Außenräume, so dass jede der drei Parteien mit direktem Gartenzugang einen eigenen sichtgeschützten Bereich genießt. Die relativ kleine Gesamtgartenfläche haben die Architekten mit Geländeversprüngen modelliert. Beete, Kies- und Rasenflächen sowie die verschiedenen Terrassenbereiche aus Stein und Holz proportionieren das Terrain, Steinmauern und Gabionen (mit Steinen gefüllte Drahtkörbe) schaffen Abgrenzungen, attraktive Wasserbecken setzen zusätzliche Akzente.

ÖKOLOGISCHER LEBEN

Neben der gemeinsamen Nutzung der energiesparenden Wärmepumpe ist es vor allem die zentrale Lage, die der Bauherrengemeinschaft hilft, ökologischer zu leben. Die kurzen Wege sparen nicht nur Zeit, sondern ermöglichen es, viele Besorgungen und Termine zu Fuß zu erledigen. Die Bauherren denken daher bereits darüber nach, ihre bisher notwendigen Zweitwagen abzuschaffen. Auch die dreifachverglasten Fenster und die Wärmedämmschicht aus Glasschaumgranulat, die sich unter der Bodenplatte befindet, helfen Energie zu sparen.

MODERNE ARCHITEKTUR, KLEINSTÄDTISCHE IDYLLE

Junge Kleinstadtbewohner, die sich nach einem modernen, zeitgemäßen Lebensstil und den entsprechenden Wohnmöglichkeiten sehnen, ziehen nicht selten in die nächste größere Stadt. Einer der Bauherren hatte dies bereits getan, ein anderer zog es in Erwägung. Dann bot sich die Möglich-

keit, sowohl die Vorzüge des städtischen Lebens einer Kleinstadt als auch die Vorteile eines Einfamilienhauses zu nutzen, ohne in die Anonymität der Großstadt oder an den Ortsrand ausweichen zu müssen. Die Bauherren – gebürtige Eggenfeldener oder zumindest aus dem nahen Umkreis – wollten ihr gewachsenes soziales Umfeld nicht verlassen. In dieser Hinsicht ist das Bauprojekt auch ein Stück Heimatpflege. Die Bauherrengemeinschaft bietet die Chance, sich seine Nachbarn gleichsam vorher auszusuchen. Diese Gemeinschaft – allesamt zwischen 25 und 45 Jahren – will auch nach dem Einzug guten Kontakt miteinander pflegen und sich gegenseitig unterstützen.

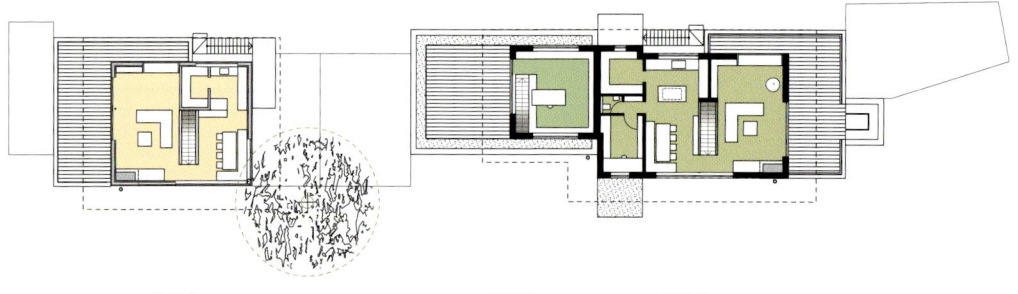

Haus A   Haus B   Haus C

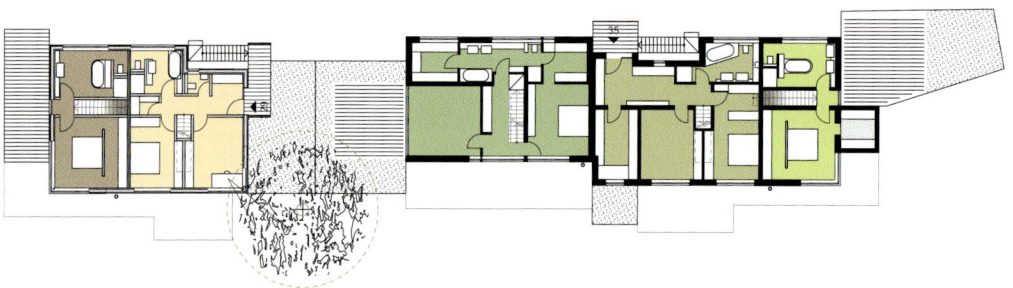

Haus A   Haus B   Haus C

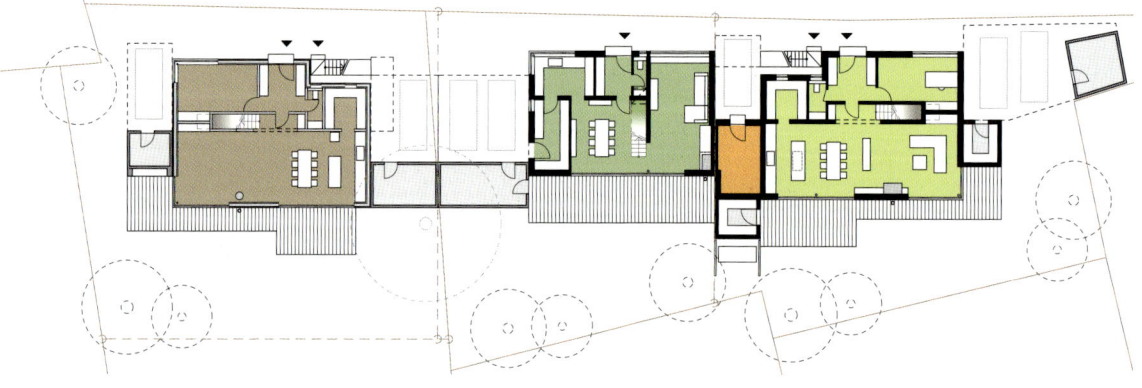

Haus A   Haus B   Haus C

ALLE WOHNUNGEN – AUCH DIE IN DEN OBERGESCHOSSEN –
VERFÜGEN ÜBER EINEN SEPARATEN EINGANG.

EIN HAUS MIT ACHT BAUHERREN

BAUDATEN

Standort	Eggenfelden/ Landkreis Rottal-Inn
Grundstücksfläche	1926 m²
Wohnfläche	786 m²
Nutzfläche	190 m²
Umbauter Raum (BRI)	3700 m³
Bauweise	Holzrahmenbauweise (Westteil), massiv (mittlerer/Ostteil)
Energiekonzept	kfW-40 Standard (Westteil), kfW-60 Standard (mittlerer/ Ostteil)
Baukosten	772 €/m²
Gesamtkosten	753 700 €
Besonderheiten	Bauherrengemeinschaft

ARCHITEKTEN
breu + eckmeier architekten
Alexandra Breu, Helmut Eckmeier
Hofmark 13
84307 Eggenfelden
Tel: 08721 913320
Fax: 08721 913291
www.be-3.de

10 Ein Haus im Haus

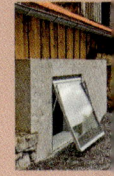

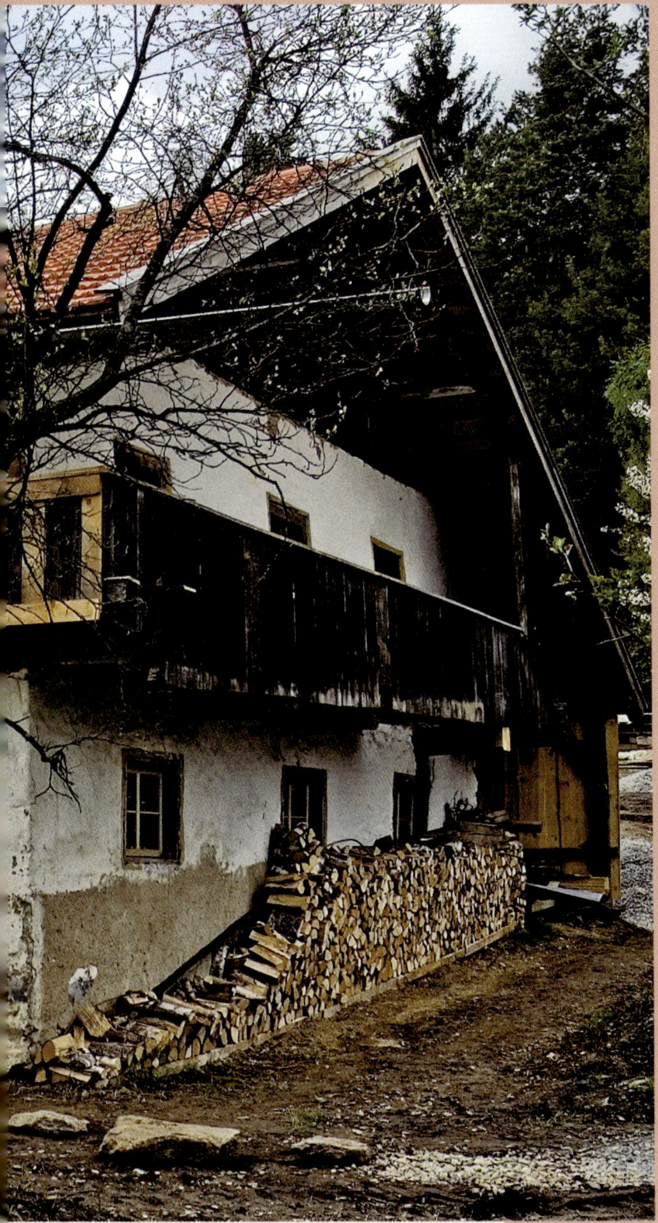

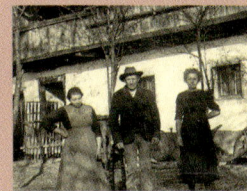

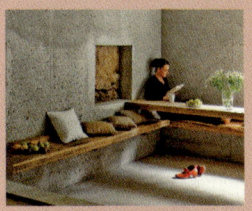

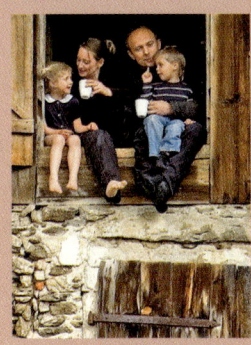

Ein altes, verwittertes Bauernhaus am Waldrand. Klein, ärmlich, windschief, eng, dunkel. Und vollkommen heruntergekommen dazu: Weiter entfernt von dem, was man sich gemeinhin unter einem Traumhaus vorstellt, könnte es kaum sein. Denkt man. Doch für das Bauherrenpaar aus München war es die ideale Vorlage für die Verwirklichung seiner Wohnträume: Ein Haus mit Geschichte, mit Tradition. Ein Haus, in dem schon viele Generationen gelebt haben, das gewachsen ist mit den Bedürfnissen seiner Bewohner. Ein Haus, dem man die fast 170 Jahre, die es nun alt ist, auch ansieht.

Bauernhof, Filmkulisse, Ruine

»Birg mich, Cilli« haben die Bauherren ihr Projekt bei Viechtach im Bayerischen Wald genannt, nach Cilli Sigl, der letzten Bäuerin, die hier bis 1974 gelebt hat. Bauherr Peter Haimerl, der auf dem Nachbarhof aufgewachsen ist, kann sich noch an sie erinnern. Vor ihr, ihrer Schwester und dem

Ehemann, mit dem sie den Hof bewirtschaftete, hatten seit dem Bau 1840 viele Generationen Bayerwaldler hier gelebt. Und auch dies gehört zur Geschichte des Hauses: 1976 wurde die Fernsehserie *Drei sind einer zuviel* mit Jutta Speidel, Herbert Herrmann und Thomas Fritsch hier gedreht. Bauernhof, Filmkulisse, Ruine und nun Heim einer stadtflüchtigen Kleinfamilie – die illustre Historie des Gebäudes füllt den nüchternen Fachbegriff »Bauen im Bestand« mit Leben. Geborgenheit, Heimat, Bodenständigkeit, die Nähe zur Natur – das hoffen die neuen Bauherren hier zu finden. Regionale Tradition, ein Stück gebaute Bayerwald-Geschichte – das wollen sie erhalten. Dabei sind sie weder sentimental noch heimattümelnd. Das Leben auf dem Land, das wissen sie aus eigener Anschauung, war nie idyllisch, sondern von Entbehrung und der notwendigen Konzentration auf das Wesentliche geprägt. Eine Edel-Renovierung im Landhausstil kam für sie daher nie in Frage. Im Gegenteil. Peter Haimerl, der in München ein Architekturbüro betreibt, sucht schon länger nach Wegen, ursprüngliche Architektur authentisch zu bewahren und sinnvoll mit Neuem zu verknüpfen. Für die so behutsame wie originelle Modernisierung eines Siedlerhäuschens in Krailling aus den 1930er Jahren erhielt sein Büro den Publikums-Preis 2006 des Bunds Deutscher Architekten in Bayern.

Der Charme des Verfalls und der Reiz des Neuen

Bei seinem eigenen Haus ging er radikaler vor. Die teilweise schon im Zerfall begriffene alte Bausubstanz wurde erhalten und dient als kontrastreicher Rahmen für das Neue. Nur unabdingliche Instandsetzungen, wie etwa die Erneuerung

des Daches, wurden vorgenommen. Auch an der
den bäuerlichen Bedürfnissen angepassten Raumaufteilung und den für heutige Verhältnisse kleinen Fensteröffnungen wurde fast nichts verändert. Durch das Einfügen weißer Betonkuben in
die bestehende Struktur entstand ein Haus im
Haus. So wie ihre Vorgänger im Lauf der Jahr-
zehnte Teile an- und umgebaut und Innenwände
mit zusätzlichen Schichten versehen haben, er-
gänzten die neuen Bewohner eine weitere Schicht,
die jedoch an vielen Stellen mit der historischen
Bausubstanz korrespondiert. Die in die zentralen
Räume wie die alte Stube und das Schlafzimmer
eingesetzten Kuben nehmen nicht nur die ursprünglichen Tür- und Fensteröffnungen auf, sondern ermöglichen durch Einschnitte in Decken
und Böden auch eine vertikale Durchlässigkeit. So
ist beispielsweise in der Stube ein Stück Lehm-
boden freigelegt, gleichzeitig erweitern Decken-
ausschnitte den Raum nach oben und lassen Licht
aus Ober- und Dachgeschoss einfallen. Sie können durch Holzklappen bei Bedarf geschlossen
werden, zum Beispiel um im Winter das Aufstei-
gen der warmen Luft zu verhindern. Die alte, un-
renovierte Bausubstanz – vornehmlich dunkles
Holz – bleibt auf diese Weise stets präsent und
bildet einen spannungsreichen Kontrast zu den
glatten, weißen Betonkörpern. Durch die Einbau-
möbel verbinden sich Alt und Neu, denn Schränke,
Sitzbänke und andere maßgeschneiderte Einrich-
tungselemente sind teilweise aus Holz gefertigt,
das dem Bestand entnommen wurde.

» *Eine Tip-Top-Jodlhüttenrenovierung für
mein altes Bauernhaus kam für mich nicht
in Frage. Ich möchte, dass das Flickwerkhafte,
Angestückelte des Hauses sichtbar bleibt.
Man soll die Stellen sehen, wo es sich dehnen*

*musste, wo es mit den Bedürfnissen der
Bewohner wachsen musste. So ist in dem Gebäude auch seine Geschichte noch gut ablesbar,
an den Schichten abblätternder Farbe, an
unterschiedlichen Mauerstärken, an uralten
Stromleitungen, am Futtertrog im Stall.
Das Haus sollte seinen ländlichen Charakter
behalten und nicht städtisch geprägte Bayer-
waldfolkore werden.*
Die Bauherrin

DIE BAUHERRIN IM KÜCHENKUBUS MIT SEINEN DIVERSEN
WAND- UND DECKENEINSCHNITTEN

AUCH DER KÜCHENBLOCK GREIFT DIE BÄUERLICHE
TRADITION AUF.

DER KÜCHENKUBUS IST IN DIE RÜCKSEITE DES HAUSES EIN-
GESCHNITTEN; IM HINTERGRUND DIE GROSSE SCHEUNE.

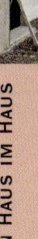

SPRÖDER BAYERWALDCHARME STATT LIEBLICHER TOSKANA-ÄSTHETIK

Statt Atrium, Foyer oder Loggia heißen hier die Räume ganz bodenständig »Flez« (Hausflur), »Gred« (Platz vor dem Haus) und »Speis« (Speisekammer). Die bäuerliche Tradition soll in allen Räumen spürbar bleiben. In Anlehnung an die typischen Wassertröge, durch die das Überwasser der Hofquelle fließt, wird im Badekubus einmal ein solcher »Grand« stehen und – gespeist von der hauseigenen Quelle – als Waschbecken mit permanentem Wasserfluss dienen. Im »Küchenkubus« auf der

Rückseite des Gebäudes, wo einst die dunkle, ärmliche und etwas tiefer liegende Austragskammer war (die Bauherren würden es ganz sicher nicht Souterrain nennen), wird heute gekocht, gegessen, geredet. Rustikale Holzbänke und ein großer Herd aus gelaserten Stahlplatten, der an die traditionellen schmiedeeisernen Herde alter Bauernhöfe erinnert, schaffen Bezüge zur Geschichte des Hauses. Ein großes Kippfenster vertreibt die Düsternis des Nordraumes. Auch dieser Kubus hat quadratische Öffnungen nach allen Seiten. So ist etwa die alte mit Lehm verputzte Wand hinter dem Esstisch freigelegt, der Ausschnitt aus der

Decke schafft die Verbindung zum darüberliegenden ehemaligen Stallboden. Dort ist heute ein riesiger Indoor-Abenteuer-Spielplatz für die Kinder. Auf 64 m² können sie spielen, toben und sogar schaukeln.

KUHHAUT, FUTTERTROG UND ALTE BAUERNMÖBEL

Im Obergeschoss ist der kleine Schlafzimmerkubus der Eltern eingefügt. Mit nur 10 m² ist er wesentlich kleiner als die anderen beiden Betonwürfel in Stube und Küche (der vierte Kubus, das Bad, ist naturgemäß am kleinsten) und verzichtet auf jegliche Möblierung. Eine Vertiefung im Boden mit bündig eingelassener Matratze dient als elterliche Schlafstatt. An die einstmals im direkt darunterliegenden Stall lebenden Kühe erinnert die Tagesdecke, ein Kuhfell. Ein Fenster gibt es nicht. Die südliche Öffnung des Raumes, die mit einer Schiebetür aus Holz geschlossen werden kann, korrespondiert mit dem »Wed«, der Stallbodenluke und gibt den Blick frei aufs »Gred«, den Platz vor dem Haus. Im Kinderzimmer, das den »Stubenkubus« und die Küche verbindet (hier war früher eine

DACHBODEN MIT KLEINEM
SCHLAFZIMMERKUBUS

DAS SCHLAFZIMMER WIRD DURCH
EINSCHNITTE NACH ALLEN VIER SEITEN
GEÖFFNET.

Schlafkammer) stehen das noch erhaltene Bett der
Bäuerin und ihr alter Bauernschrank aus Holz.
Hier schläft heute die Tochter der Familie, die
ganz begeistert ist vom naturbelassenen Lehmbo-
den ihres Zimmers. Einzige Wärmequelle im Haus
ist – wie früher auch – der Kamin in der Stube.
Alle anderen Räume bleiben unbeheizt. »Die Bauern hatten ja früher auch keine Zentralheizung«,
sagt die Bauherrin.

» *Wir legen einfach Wert auf Authentizität, hier
brauchen wir die Annehmlichkeiten des städtischen Lebens nicht.*
Allerdings werden die Bauherren, die in München
beruflich gebunden sind, ihr Bauernhaus nur an
den Wochenenden und in den Ferien nutzen können.

Authentizität statt Puppenstubenklischee

Schlicht, genügsam und auf das Wesentliche reduziert – die kompromisslose Ästhetik der Architektur verbindet bäuerliche Wohntradition mit modernem Minimalismus. Das ist konsequent, denn letztlich hat das Einfache, Karge und Pragmatische des ursprünglichen ländlichen Lebens viel mehr gemein mit urbanen, zeitgemäßen, auf Funktionalität und Klarheit konzentrierten Gestaltungsprinzipien als die verklärende, ja verkitschende Landhausromantik, die nicht selten bei der Renovierung alter Bauernhäuser angestrebt wird.